融媒体版

中等职业学校
学生职业素养养成教育系列教材

择业、就业与创业

主　编　黄静梅

副主编　覃君霞

编　委（按姓氏首字母汉语拼音排序）

高迎桂	胡　红	胡瑞华	蒋小红
冷　蓉	罗　刚	牛冠楠	屈　军
阮李蓓	唐　丽	唐　莎	王　琼
汪　鑫	王亿刚	文　力	武春霞
吴　娟	吴天天	徐然然	杨　琴
曾重荣	张向前	张源媛	郑　敏
周　岚	周　魏		

配　图　先帷帷

动　画　胡　红　左　红

北京师范大学出版集团
BEIJING NORMAL UNIVERSITY PUBLISHING GROUP
北京师范大学出版社

图书在版编目（CIP）数据

择业、就业与创业/黄静梅主编. —北京：北京师范大学出版社，
2021.3
ISBN 978-7-303-26733-0

Ⅰ．①择… Ⅱ．①黄… Ⅲ．①职业选择－中等专业学校－教材
Ⅳ．①G717.38

中国版本图书馆CIP数据核字（2021）第011851号

营 销 中 心 电 话　　010-58802755　58801876
北师大出版社职业教育分社网　http://zjfs.bnup.com
电 子 信 箱　　zhijiao@bnupg.com

ZEYE JIUYE YU CHUANGYE
出版发行：北京师范大学出版社 www.bnupg.com
　　　　　北京市西城区新街口外大街12-3号
　　　　　邮政编码：100088
印　　刷：天津旭非印刷有限公司
经　　销：全国新华书店
开　　本：787 mm×1092 mm　1/16
印　　张：11.25
字　　数：176千字
版　　次：2021年3月第1版
印　　次：2021年3月第1次印刷
定　　价：35.00元

策划编辑：鲁晓双　　　　　责任编辑：马力敏　申立莹
美术编辑：焦　丽　　　　　装帧设计：李尘工作室
责任校对：康　悦　　　　　责任印制：陈　涛

版权所有　侵权必究

PREFACE 前言

在教学实践中，我们经常会遇到这样的现象：了解所学专业并希望今后从事与所学专业相关职业的学生通常学习认真努力，而对专业不了解或不感兴趣的学生即使在老师的严格要求下，也难以取得比较好的学习成效；实习或参加工作的学生往往变得越来越爱学习，常常主动联系老师咨询专业问题，收集学习资料，究其原因是走上工作岗位后明确了职业发展的方向，认识到只有尽快学习掌握更多的知识技能才能胜任工作岗位并获得长远发展。

2018 年 4 月，教育部印发了《中等职业学校职业指导工作规定》，明确提出："帮助学生认识自我，了解社会，了解专业和职业，增强职业意识，树立正确的职业观和职业理想，增强学生提高职业素养的自觉性，培育职业精神；引导学生选择职业、规划职业，提高求职择业过程中的抗挫折能力和职业转换的适应能力，更好地适应和融入社会。"2019 年 6 月，《教育部关于职业院校专业人才培养方案制订与实施工作的指导意见》要求"强化学生职业素养养成和专业技术积累，将专业精神、职业精神和工匠精神融入人才培养全过程"。

本套教材紧紧围绕中等职业学校学生职业素养养成的三大板块：专业、职业与自我，能力、素养与行动，择业、就业与创业，通过"职场启迪堂——哲理、寓言故事等导入，职场加油站——主要概念等知识呈现，职场活动亭——游戏、讨论、案例、情景等活动体验，职场放松屋——故事、典故、笑话、名言、歌曲等内容深化，职场通关廊——任务、检测、作业等内容强化，职场心愿树——自我评价、心语心愿等情感激发，职场拾贝苑——反思总结等成长记录"栏目的设计与呈现，力求符合中职学生认知特点、激发中职学生学习兴趣，形成如下特点。

内容上，尊重规律，供需平衡。以中职学生入校后的认知发展阶段历程及职业化的过程规律为主线，以各个阶段职业化的核心任务为主要内容，让教材内容的"供"与学生职业化过程的"需"之间在时间上对应，利于激发学生学习的内驱力。

形式上，以生为本，深入浅出。突出"三化"——结构化、活动化、图示化，用清晰、固定的结构，用丰富、多样的活动，用直观易懂的图示，深入浅出，便于学生接纳、参与和理解。

环节上，完整闭环，外育内省。每一专题包括"导入—知识点呈现—活动体验—通关检测—反思升华"等环节，形成动机激发—学习—评价—产生成效的完整闭环，不仅致力于引导学习，更致力于促进学生自我发现与内省，润物无声。

资源上，创新变革，活用资源。一是运用大量具有代表性和启迪性的哲理、寓言故事、游戏等资源让不同专业的师生都能产生普遍认同及共鸣；二是采用扫描二维码方式，为师生提供可动态更新的图文与视频资料，拓展了教材的容量。

方法上，任务驱动、自主探究。借鉴专业教学中的项目化教学，一个专题为一个项目，实施的过程注重任务驱动、自主探究，改变了学生的学习方式，能较好地激发学生学习的内驱力，促进知行合一，提升学习成效。

本套教材为中职学校学生培养职业意识、职业精神、职业态度、职业素养，构建起了专门化、系统化、渐进化的目标、内容、方法、程序、资源体系；为中职学校教师有效开展专门化、系统化、渐进化职业指导工作，提供了目标、内容、方法、程序、资源体系。

本套教材在编写过程中，参考了许多专家、学者的专著、教材、论文，同时在网络上浏览了大量信息，丰富了教材内容，激发了编写灵感，在此向这些文献资料的作者表示感谢。由于编者水平有限，书中难免存在遗憾之处，竭诚希望各位专家和广大师生提出宝贵的意见和建议，我们将不断改进和完善。

编　者

CONTENTS 目录

第一单元　择业准备 1

专题一　做好准备　科学择业 2

专题二　全面分析　明确定位 8

专题三　广采信息　甄别优选 17

专题四　防范陷阱　安全择业 29

第二单元　求职技巧 37

专题一　求职技巧　意识先行 38

专题二　材料准备　全面到位 48

专题三　面试形象　得体定位 59

专题四　面试技巧　从容应对 69

第三单元　职后发展 81

专题一　主动转换　顺应职场 82

专题二　持续奋进　拥抱职场 95

专题三　追求卓越　引领职场 104

专题四　珍惜职场　理性跳槽 117

第四单元　创业要点 129

专题一　激创业情　扬梦想帆 130

专题二　明创业法　助成长路 143

专题三　编创业书　筑创业梦 156

专题四　论创业经　促创业行 165

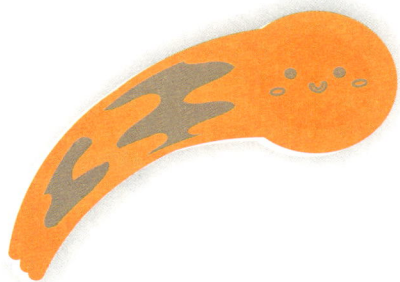

第一单元 >>

择业准备

职场启迪堂 »

半夜时分，突然狂风大作，闪电惊雷一个接着一个。农场主从睡梦中醒来，使劲敲打墙壁：隔壁睡着他雇佣的唯一一个工人。农场主养了上千只鸡鸭、几百头牛、几百匹马，还有刚刚打下的粮食，这么大的风雨一定会给他带来巨大的损失。

农场主迫切地想叫醒那个工人，让他赶紧去看一看。但是，农场主敲了足足有20分钟，隔壁并没有回音，相反，农场主甚至还听到了那个工人的鼾声！

好啊，明天我一定要把你解雇。在如此危急的时候，你竟然还能睡得这么安稳。

农场主看着窗外的瓢泼大雨，心疼得都要哭了。

我想给你加薪！

农场主一夜没合眼。直到第二天清晨，风停了，雨歇了，他心急火燎地跑出去看，只见鸡舍、马棚和粮囤上都盖着厚厚的塑料布，下水道处顺畅地流着积水，其他一切该准备的，那个工人都在睡觉前准备好了。

半夜时分，突然狂风大作，闪电惊雷一个接着一个。农场主从睡梦中醒来，使劲敲打墙壁：隔壁睡着他雇佣的唯一一个工人。农场主养了上千只鸡鸭、几百头牛、几百匹马，还有刚刚打下的粮食，这么大的风雨一定会给他带来巨大的损失。他迫切地想叫醒那个工人，让他赶紧去看一看。但是，农场主敲了足足有20分钟，隔壁并没有回音，相反，农场主甚至还听到了那个工人的鼾声！

农场主看着窗外的瓢泼大雨，心疼得都要哭了。他愤愤地想：好啊，明天我一定要把你解雇。在如此危急的时候，你竟然还能睡得这么安稳。

农场主一夜没合眼。直到第二天清晨，风停了，雨歇了，他心急火燎地跑出去一看，只见鸡舍、马棚和粮囤上都盖着厚厚的塑料布，下水道处顺畅地流着积水，其他一切该准备的，那个工人都在睡觉前准备好了。这时，工人睡眼惺忪地走过来问他有什么事，农场主高兴地拍着他的肩膀说："我想给你加薪！"

——出自江长冰、刘惠敏主编，《开启智慧的小台历：365个哲理小故事》，广州，广东高等教育出版社，2016。

有多少人因为对事情没有做好准备，而最终败得一塌糊涂呢？一个年轻人如果希望将来能有丰盛的收获，就要准备充足的肥料，撒上美好的种子。所以，你必须时刻准备好。只有这样，当风雨来临的时候，你才不必手忙脚乱，相反，还可以像往常一样安稳地睡觉。

职场加油站 >>

▶ 一、择业的含义

择业是择业者根据自己的职业理想和能力，从社会上各种职业中选择其中一种作为自己从事的职业的过程。在职业选择过程中，择业者不仅要考虑个人的需要、兴趣、能力等因素，还要考虑社会发展的需要。

▶ 二、择业准备的要点

第一，认识自己，准确定位。认识自己是择业准备的重要内容之一，只有我们充分分析了自己的兴趣、个性、能力、价值观等因素后，才能更明确什么样的工作适合自己。

第二，以良好的心态迎接挑战。择业过程中可能会遇到各种各样的挑战，积极良好的心态准备有助于我们在择业过程中保持积极的态度和竞争的勇气，从容面对挫折和挑战。

第三，获取信息，主动出击。信息是非常重要的择业资源，往往是谁拥有更多、更有效的就业信息，谁就掌握了择业的主动权。

第四，维护权益，依法前行。择业前还需要有一定的法律准备，树立风险防范意识，避免在择业过程中使自身的合法权益受到侵犯。

职场活动亭 »

看一看

扫码观看"职场放松屋"中的视频《准备？不准备？》，用一句话总结获得的启示。

_____

想一想

1. 我们今天在学校的学习是为什么而准备？
2. 什么是择业？可以去"职场加油站"找一找哦。

闯一闯

1. 认识王小熊：有一位叫王小熊的年轻人在择业的过程中遇到了困境，请扫描二维码观看《王小熊择业记》的故事，了解王小熊遇到了怎样的择业困境？我们该如何帮助他走出择业的困境呢？

王小熊择业记

2. 闯关一：找到王小熊遇到择业困境的原因，并分类填写，见表1-1。

闯关方式：小组合作闯关。

闯关要领：找准原因，找全面，速度快。

闯关步骤：（1）找出原因及关键词。

（2）将原因进行分类。

（3）记录并分享找到的原因。

表 1-1 王小熊遇到择业困境的原因

分类	原因描述	关键词

3. 闯关二：找到王小熊走出择业困境的具体办法。

闯关方式：小组合作闯关。

闯关要领：办法有效，针对性强。

闯关步骤：（1）针对找到的其中一个原因，帮助王小熊找出最有效的解决办法。

（2）以小组抢答的形式回答，回答完毕后，小组成员可以补充。

读一读

1. 阅读"职场启迪堂"中的故事。想一想，故事还可以有怎样创造性地发展？
2. 阅读"职场加油站"中"择业准备的要点"并分享感受。

填一填

择业准备从今天开始，从现在开始，从此刻开始。请结合自己的专业思考自己在择业中如何规避择业困境？

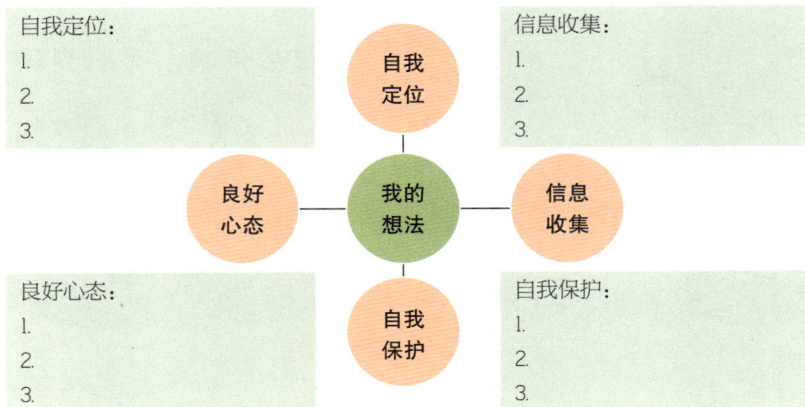

自我定位：
1.
2.
3.

信息收集：
1.
2.
3.

良好心态：
1.
2.
3.

自我保护：
1.
2.
3.

自我定位　良好心态　我的想法　信息收集　自我保护

职场放松屋 ≫

扫描二维码观看视频。

准备？不准备？

职场通关廊 ≫

　　通过本节课的学习，我们明确了择业需要做好四个方面的准备，下列四幅图分别体现了择业准备的哪些要求？请写在每幅图下面的横线上。

职场心·愿树 >>

经过一节课的学习，你能明确需要从哪些方面进行择业准备吗？记录下你和同学、父母及老师讨论后的想法。

我之前的想法：_____

_____

_____

讨论后的想法：_____

_____

_____

我的打算：_____

_____

_____

职场拾贝苑 >>

亲爱的同学，请将你在本节课学习、活动中的收获、体会和成长记录下来吧！

收获：_____

_____

体会：_____

_____

成长：_____

_____

有个鲁国人擅长编草鞋，他妻子擅长织白绢。他想迁到越国去。

你到越国去，一定会贫穷的。

为什么？

草鞋，是用来穿着走路的，但越国人习惯于赤足走路；白绢，是用来做帽子的，但越国人习惯于披头散发。凭着你的长处，到用不到你的地方去，这样怎么能摆脱贫穷呢？

　　有个鲁国人擅长编草鞋，他妻子擅长织白绢。他想迁到越国去。友人对他说："你到越国去，一定会贫穷的。"

　　"为什么？"

　　"草鞋，是用来穿着走路的，但越国人习惯于赤足走路；白绢，是用来做帽子的，但越国人习惯于披头散发。凭着你的长处，到用不到你的地方去，这样怎么能摆脱贫穷呢？"

　　　　　　　　——出自战国韩非子的《韩非子·说林上》，鲁人徙越。

鲁人有编草鞋、织白绢的专长，但把这个专长放到没有穿草鞋、戴白绢习惯的越国去，就增加了就业的难度。每个人都有不同的特点，有自己的优势和不足，那么适合每个人的职业定位也是不一样的。

职场加油站 ≫

▸ 一、择业定位的含义

择业定位，是求职者根据自身特点、条件及个人意愿，结合社会的需求趋势，把择业目标确定在适合于用人单位行业需求的范围内，从而有利于求职者顺利就业，提高择业成功可能性的一种合理确定。择业定位是自我定位和社会定位的统一。

▸ 二、择业定位的要素

从择业定位的含义中可以看出，择业定位主要包含三个方面的要素，只有充分考虑这三个要素，并把三个要素有机地结合起来，才能给自己的择业以准确定位。

一是求职者的自身特点和条件，这是择业定位的前提。在择业定位的过程中，一切要从实际出发，根据个人所学专业、兴趣爱好、能力特长、资源条件等拟定择业目标。任何好高骛远、不切实际的择业，往往都会竹篮打水一场空。

二是求职者的个人求职意愿，这是择业定位的出发点。择业的过程就是努力促进求职者职业意愿实现的过程。想要在什么地域就业，想要从事什么职业，想要通过职业获得怎样的成长和发展，获得怎样的薪酬，都是求职意愿的体现。

三是社会的需求趋势和行业要求，这是择业定位的依据。择业不仅是个人行为，也是社会行为，离不开对社会发展要求趋势及行业要求的考量。比如，不同时期或不同地域各个行业对人才需求的规模和素质要求不同，同一职业的不同岗位对人才能力和素质的要求也不同。

⏺ 三、择业定位的基本原则

没有最好的职业，只有适合的职业，适合的才是好的。择业定位就是要在自我分析和社会分析的基础上，找到适合自己的职业。理想的择业定位遵循以下基本原则。

一是职业与专业匹配，择己所学。经过几年的专业学习，我们掌握了一定的专业知识和技能，形成了一定的专业积累，从事与所学专业对应的职业，更有利于形成专业优势。

二是职业与能力匹配，择己所能。能力对职业有较好的支持力，"高才低就"委屈了自己，"低才高就"委屈了企业，只有能力和职业形成较好的匹配，才能更好地实现双赢。同时也要避免选择用己短不用己长的职业。

三是职业与兴趣匹配，择己所乐。从事的职业与兴趣趋同，往往能取得较好的成就，既可以是因为有兴趣所以选择，"爱一行做一行"，也可以是因为选择所以有兴趣，"做一行爱一行"。

四是职业与理想匹配，择己所愿。职业不仅具有物质价值，让人挣钱养家糊口，而且具有精神价值，实现人的内在精神追求。所以，择业不仅要关注薪资待遇，而且要关注单位的发展前途，更要关注个人的理想追求和未来发展的空间及可能性，要有一定的前瞻性。

⏺ 四、择业定位的意义

择业定位是择业过程中的关键步骤，是择业过程中不能绕开且至关重要的环节。

择业定位是否合理，不仅关系到求职者能否顺利就业，能否找到合适的职业岗位，而且关系到就职后能否发挥才能和对社会贡献的大小，影响着事业的可持续发展。

◆ 五、择业定位的分析方法

择业定位的关键是在求职者的自身特点、自身条件、求职意愿、社会需求和行业要求之间找到平衡点，有些方法可以帮助求职者找到这个平衡点。

SWOT 分析法。 SWOT 分析法即态势分析法，于 20 世纪 80 年代初由美国旧金山大学的管理学教授韦里克提出。SWOT 英文字母分别代表：优势（Strength）、劣势（Weakness）、机会（Opportunity）、威胁（Threat）。SWOT 分析法就是将与研究对象密切相关的各种内部优势、劣势和外部的机会与威胁，通过调查列举出来，并依照矩阵形式排列，然后运用系统分析的思想，把各种因素相互匹配起来加以分析，从中得出一系列相应的结论，也即个体"能够做的"（个体的强项和弱项）和"可能做的"（环境的机会和威胁）之间的有机组合。在进行择业定位时，可以用这一方法对自己及就业信息进行一番从内到外的"体检"。

罗列分析法。 在一张纸的左侧将个人的能力特长、兴趣爱好、个人意愿、理想追求等纵向罗列并按照强度或偏好程度进行排序，再将能够选择的职业在纸的右侧纵向罗列并按照市场价值进行排序，最后找出各要素结合得最理想的职业。

职场活动亭 >>

说一说

1. 有这样两份工作，你会如何选择？说出你的选择并分享你做出选择的原因。

A. 自己喜欢但是工资低的工作

B. 自己不喜欢但是工资高的工作

2. 你心仪的好工作是什么样的呢？选一选并说一说你心中好工作的标准。

A. 热门的工作就是好工作

B. 别人说好的工作就是好工作

C. 薪水高的工作就是好工作

D. _____

E. _____

选一选

1. 请从各种职业中（表1-2）选择你意向中的职业。（如选项中没有意向职业，可直接将你意向中的职业写在下面的横线上）

表1-2 部分职业列举

教师	医生	护士	心理咨询师	动漫设计师
室内设计师	银行柜员	会计	警察	文员
导演	空中乘务员	飞行员	编辑	公务员
律师	记者	导游	播音员	烘焙师
园艺师	职业经理人	美容美发师	机修工	工程师
程序员	建筑师	司机	药剂师	营养师

注：空白处可以由老师补充与学生所学专业对应的各种职业名称。

我意向的职业是 _____。

2. 以小组为单位分享交流。

（1）为什么选择这个职业？选择这个职业的时候你考虑了哪些因素？

（2）你觉得自己能否顺利从事这个意向的职业？为什么？

查一查

1. 通过老师提供资料或网络查阅的方式，了解你的意向职业的入职要求，写出你与这些入职要求的差距。

_____

_____

_____。

2. 这些差距是否会影响你顺利进入这个意向职业？为什么？

3. 通过分析，你认为自己当前的择业定位是否合理，为什么？

议一议

1. 阅读"职场放松屋"的故事，分析诸葛亮进行择业定位时都考虑了哪些要素？

2. 我们进行择业定位时需要考虑哪些要素？

3. 什么样的择业定位是比较合理的定位？

4. 如果择业定位不合理，可能产生怎样的结果和影响？

析一析

请在"职场加油站"中学习"择业定位的分析方法"，参照物流专业小丁的 SWOT 分析（表1-3），在"职场通关廊"进行个人的择业定位分析吧。

表 1-3　物流专业小丁的 SWOT 分析

优势（S） （1）专业成绩优秀； （2）学生干部经历； （3）社团活动经历； （4）人际沟通能力强	机会（O） （1）物流产业发展态势良好； （2）物流行业人才需求旺盛
劣势（W） （1）缺乏工作经验； （2）性格急躁	威胁（T） （1）人才需求层次较高，需要有经验的管理者及信息技术方面的跨界人才； （2）就业竞争激烈； （3）企业对普通员工的用人需求具有阶段性； （4）企业看重吃苦耐劳的精神
结论：选择本地中小型物流企业，让自己具有更突出的专业优势，力争多岗位锻炼，掌握更多的专业技术和积累丰富的管理经验，为将来更好的发展奠定基础。	

• 诸葛亮的择业定位观

人生如一盘棋，虽然每一步都要走好，但开局几步却极为重要，择业定位是职业生涯开局的第一步，是职业生涯中的重要一环。择业定位一定要有智慧，诸葛亮就是个高手，且看诸葛亮的择业定位观。

有人说，诸葛亮本无意出山，是刘备的三顾茅庐打动了他，其实并非如此。诸葛亮在他的草庐前写着"淡泊以明志，宁静以致远"，这两句话看似淡泊、宁静，却饱含着高远的志向。他还作诗"南阳有隐居，高眠卧不足"，看似平静，却内心波澜，不然他不会自比管仲、乐毅，也不会清醒地判断天下大势而作《隆中对》。

正因为诸葛亮有平天下的抱负，所以必须为自己选择一位明主，才能施展自己的才华。诸葛亮分析了当代群雄：

北方的袁绍、袁术用人一向重名轻才，像诸葛亮这样没有名声、没有官职的人，肯定得不到重用。

许昌的曹操集团是"大城市""大企业"，曹操虽然爱才，但用人如器，又刚愎自用、生性多疑，而且早有荀彧、郭嘉等人组成的人才群体先入为主，诸葛亮入曹，绝不可能"人尽其才"，在那里缺少自己的用武之地，不能实现自己的人生抱负，诸葛亮不去。

江东孙权集团是"中型企业"，孙权也素来爱才惜才，但这些地方盛行的是"地方主义"，孙权所用谋臣多为江东人士，又多是孙坚、孙策留下的旧臣。诸葛亮是"外来的和尚"，在江东这座"庙"里，未必能念出"好经"。而刘表、刘璋、马腾、张鲁这些"中型企业"，病入膏肓、积重难返，治不好了。诸葛亮也不去。

选来选去，刘备那里才是诸葛亮择业的最佳定位。表面看来，三顾茅庐，刘备热、诸葛亮冷。但仔细想想，只是诸葛亮外冷内热罢了，他热在暗处。刘备帐下有关羽、张飞、赵云这些骁勇战将，但却缺少帅才，正可以大展身手。刘备待人宽厚，素讲仁义，是一个极好的"人和"环境，而且刘备团体还是个"小企业"，走投无路，无基无业，拥弹丸之地又危在旦夕，刘备团体犹如一位将死的病人，这更能激起诸葛亮这位治国"名医"的兴趣，救活垂死的病人，才更能凸显名医的妙手回春。

刘备的"小企业"虽然物质待遇低，工作劳累，又濒临破产，风险很大，但这个"小企业"却能充分实现诸葛亮的人生价值，而且治疗后大有前途，诸葛亮自有扭亏为盈的良方，他的择业观显示出了他的深谋远虑。

——出自李文庠、马宁编著，《三国的人生智慧课》，北京，中国纺织出版社，2016。

▌职场通关廊 >>

请结合自身实际情况，在表1-4中做一下自己的择业 SWOT 分析，明确自己的择业定位。

表1-4 择业 SWOT 分析

优势（S）	机会（O）
劣势（W）	威胁（T）
结论	

职场心·愿树 》》

经过一节课的学习，请将你初步斟酌分析形成的择业定位写在下面吧！

职场拾贝苑 》》

亲爱的同学，请将你在本节课学习、活动中的收获、体会和成长记录下来吧！

收获：_____

_____

体会：_____

_____

成长：_____

_____

职场启迪堂 》》

为什么会出现这种情况呢?

由于西停车场的乘客和东停车场的司机都是信息资源的短缺者,西停车场的乘客并不知道东停车场有很多出租车,东停车场司机也不知道西停车场有很多乘客。

没有掌握信息直接导致了交易效率的降低,造成了乘客和司机都不满意的结果。

　　小张有一次从徐州东站坐高铁回北京,到了北京南站后已经是晚上11点了,地铁和公交车都没了,没办法只好打车回家。于是,他就顺着人流到西停车场去打车,虽然不是高峰期,但是他在那里等了40分钟都没有打到车。这下子小张着急了,眼看着快晚上12点了,前面还有很多人在排队。小张心想,还是到东停车场去碰碰运气吧,当小张来到东停车场的时候,他惊讶了。原来,这里的情况和西停车场完全相反,出租车很多,打车的人却不多,乘客在这里可以任意选择出租车。于是,小张很快就选了一辆出租车,坐车走了。

　　为什么有那么多人都愿意在西停车场苦等而不愿意到东停车场看看呢?为什么东停车场那么多的出租车司机宁愿在那里等待,也不愿到西停车场碰碰运气呢?之所以出现这样的情况,是因为西停车场的乘客和东停车场的司机都是信息资源的短缺者,西停车场的乘客并不知道东停车场有很多出租车,东停车场的司机也不知道西停车场有很多乘客。没有掌握信息直接导致了交易效率的降低，造成了乘客和司机都不满意的结果。

——出自陈涛涛著，《每天学点经济常识》，北京，中国法制出版社，2016。

信息的"真空"现象几乎存在于社会生活的各个领域，在择业时也不例外。不断提高信息素养，增强收集、处理、利用择业信息的能力，能有效提高择业的针对性和实效性，提高求职的成功率。

职场加油站 》》

一、择业信息的含义

择业信息指的是与个人择业有关的知识或资料，既包括反映整个就业市场的社会职业状况的信息，如就业总体形势、就业政策、就业法规、行业信息、社会对人才的需求等；也包括反映特定职业的性质、任务、要求等具体的职业信息；还包括用人单位性质、单位特色、招聘计划、招聘要求、待遇等的招聘信息。

二、择业信息的价值

择业信息是择业选择的基本前提。如果不获取准确可靠的需求信息，不拓宽择业视野，没有择业信息的广度，就无法把握自主择业的自主权，实现职业理想。

择业信息是择业抉择的重要依据。信息就是资源契机，择业时如果没有一定的信息占有量，择业时取舍决策的科学性就要大打折扣。

择业信息是顺利就业的可靠保障。对收集到的信息进行筛选、辨别、运用，是顺利就业的可靠保证，可以加深择业信息的深度，优化择业信息的质量，提高择业的成功率，还可以避免上当受骗，降低择业时的风险危机。（图1-1）

图 1-1 择业信息的价值

➷ 三、择业信息的获取途径

不同领域的择业信息有不同的获取途径，没有一种途径是绝对有效的，应该多种途径相结合。总体来说，可以有以下几种途径。

各种公共传媒。互联网、报纸、杂志、广播电台、电视台等为便捷获取择业信息提供途径，成为人才配置牵线搭桥的媒介。想要了解就业政策、就业法规、行业信息、社会对人才的需求等可以多关注政府部门及行业的官方网站，也可多关注广播电台、电视台、报纸、杂志等的相应的专题栏目或节目；了解招聘信息可关注相应行业或企业的官方网站，也可以适当关注一些综合性、社会化的招聘网站，但要特别注意对信息可靠性的甄别。

校内就业指导机构。学校通常都有负责学生就业的部门，这是用人单位选录毕业生所依赖的一个重要机构，也是学生了解和获取各种择业信息的重要窗口，其掌握的信息具有准确性和权威性。

毕业生供需见面会。为了做好每年的毕业生就业工作，学校都会举办规模不等的应届毕业生就业宣讲会、招聘会、洽谈会、见面会等，这些见面会信息量大、针对性强、可信度高，企业用人意愿强烈，不仅是毕业生获得招聘信息的渠道，而且也是其了解企业的有效渠道。

各种社会关系。学生与社会的接触面和信息源是有限的，但家长或亲朋好友在多年的工作与社会交往中，与社会方方面面有着广泛的联系，可以借助他们的力量获取择业信息。虽然这不是最主要的渠道，但却是很有效的渠道，得到推荐机会通常能进入面试，比"海投"的成功率高。

社会实践活动和实习。学生参加社会实践或各种专业实习的单位一般都是其专业对口单位，由于直接与用人单位接触，因此可以方便地获得有关的信息，还可以获得更多的入职机会。

　　社会人才中介服务机构。人才市场、人才交流中心、就业指导服务中心等各类人才中介服务机构拥有大量的职业需求信息，一般通过网站、报纸等方式，向用人单位和求职者提供用人和求职的双向信息，不定期地举办人才招聘会，提供供需双方见面洽谈的机会。如果选择"海投"，这是比较好的信息获取渠道。但社会人才中介服务机构提供择业信息的可靠性需要验证，且通常对应届毕业生的针对性不强。

四、择业信息的甄别技巧

　　第一，掌握重点。可以全面收集信息，但要针对自身的特点和应聘目标，对信息进行排序和比较筛选，应把重点信息选出、标明并注意留存，一般信息则仅供参考。

　　第二，善于对比。当从不同的渠道收集到大量的择业信息后，可用对比鉴别的办法，确定其对自己的用处。

　　第三，不耻下问。当收集到一些择业信息后，为了弄清信息的可靠程度，应当通过各种办法，找有关人士去打听、咨询，以确定信息的可靠程度。

　　第四，了解透彻。对于重要的信息要寻根究底，务求了解透彻，不能一知半解。要全面掌握情况，全面了解信息的中心内容。

　　第五，避免盲从。获取信息以后，不能一味盲从，那种认为亲友告诉的信息一定可靠、报纸上传播的信息肯定没问题的想法是不可取的。绝不要未经筛选就轻率地做出选择。

　　第六，适合自己。一切信息都要用来对照衡量一下，看是否适合自己。千万不要好高骛远，挑选不适合自己的工作岗位。

五、招聘信息的分析要点

　　招聘信息的分析要点包括用人单位的情况，如用人单位的性质、历史、理念、文化、规模、发展状况、行业中的影响力、发展愿景与潜力等。

▶ 六、招聘信息的处理过程

第一，收集。收集信息并进行初步筛选，筛选其是否符合自身求职需求，是否符合自身的实际情况。

第二，甄别。验证招聘信息是否真实有效，招聘信息的获取途径是否可靠。可通过老师、校友、家长进行验证，还可通过查询企业官方网站或企业信息查询平台等了解企业的基本情况。

第三，优选。对招聘信息进行归类分析，优选出可付诸行动的择业信息。

第四，行动。做好应聘准备，了解企业的招聘方式、招聘时间、招聘地点和联系方式等。

职场活动亭 ≫

说一说

1. 阅读"职场启迪堂"中的故事，说说你对信息的看法。

2. 说说在择业过程中，信息与择业有什么关系？

析一析

阅读"职场放松屋"小王的故事，分析：

1. 小王为什么会错失就业良机？

2. 如果你遇到类似的情况，你可以怎样避免这样的遗憾发生？

议一议

4～6人为一个小组，围绕以下问题展开讨论，将讨论结果制作成一张思维导图并分享展示。

1. 我们即将面临择业，为了让择业更顺利高效，有哪几类择业信息是我们需要收集并了解的？为什么要收集了解这些信息？这些不同的择业信息各自有怎样的作用？

2. 这些想要了解的择业信息分别可以通过哪些途径获取？

3. 收集到的所有择业信息是否都可靠有效？如何甄别择业信息的可靠性和有效性？

晒一晒

1. 请结合自己对择业信息获取途径的认识，完成下面的择业信息获取途径最强榜单（表1-5），并说明上榜理由。

表1-5　择业信息获取途径最强榜单

榜单	获取途径	上榜理由
最及时的择业信息		
最可靠的择业信息		
最有效的择业信息		

2. 对完成的榜单进行交流，大家的榜单有何不一样？分享形成此榜单的理由，并写下你的收获。

涂一涂

择业信息中的就业形势、就业政策、就业法规以及行业信息、职业信息等可以帮助我们把握形势、趋势，了解整体状况，是我们做出科学决策的基础。丰富而准确的招聘信息和对大量的招聘信息进行筛选、辨别、运用，不仅能够提高我们择业的成功率和满意度，还能够降低择业时的风险。

1. 请阅读老师提供的招聘信息，或从网络上搜索自己有意向的招聘信息。

2. 在表1-6对应位置填写完整招聘信息的标题，并对招聘信息的关键要素进行评分，实现对招聘信息的甄别。（可以根据实际情况优化完善表格内容）

表 1-6　招聘信息评分表

项目		招聘信息一	招聘信息二	招聘信息三	……
招聘信息的标题					
序号	分析要素		评分栏		
1	用人单位的情况，如性质、历史、理念、文化、规模、发展状况、行业中的影响力、发展愿景与潜力等	☆☆☆☆☆	☆☆☆☆☆	☆☆☆☆☆	
2	用人单位信息的真实可靠性	☆☆☆☆☆	☆☆☆☆☆	☆☆☆☆☆	
3	我的年龄、身高、相貌、身体健康状况等与招聘要求的符合程度	☆☆☆☆☆	☆☆☆☆☆	☆☆☆☆☆	
4	我的政治思想、道德品质、工作态度等与招聘要求的符合程度	☆☆☆☆☆	☆☆☆☆☆	☆☆☆☆☆	
5	我的学历及学业成绩等与招聘要求的符合程度	☆☆☆☆☆	☆☆☆☆☆	☆☆☆☆☆	
6	我的职业技能、能力及其他才能等与招聘要求的符合程度	☆☆☆☆☆	☆☆☆☆☆	☆☆☆☆☆	
7	用人单位及岗位与我的职业兴趣、爱好、特长等的符合程度	☆☆☆☆☆	☆☆☆☆☆	☆☆☆☆☆	
8	工作时间适宜程度（每日工作时间的长短、三班制或夜班等）	☆☆☆☆☆	☆☆☆☆☆	☆☆☆☆☆	
9	工作地点交通便利程度（是否有公共交通，通勤时间）	☆☆☆☆☆	☆☆☆☆☆	☆☆☆☆☆	
10	工作环境适宜程度（室内、室外，是否潮湿、有噪声）	☆☆☆☆☆	☆☆☆☆☆	☆☆☆☆☆	
11	个人收入及福利条件（月平均实际收入，五险一金情况）	☆☆☆☆☆	☆☆☆☆☆	☆☆☆☆☆	
12	工作前途（工作晋升、进修培训的可能性和周期性）	☆☆☆☆☆	☆☆☆☆☆	☆☆☆☆☆	

续表

项目		招聘信息一	招聘信息二	招聘信息三	……
招聘信息的标题					
序号	分析要素	评分栏			
总计		＿＿星	＿＿星	＿＿星	

注：①各要素的满分均为 5 星，请根据招聘信息中用人单位信息情况、自身与招聘要求的符合程度填涂五角星，填涂 1 星表示非常不理想或不符合，填涂 5 星代表非常理想或符合，照此类推。

②总计为各要素填涂五角星总数。

理一理

1. 经过甄别、筛选后的招聘信息就可以作为行动依据啦，请到"职场通关廊"，根据提供的"招聘信息要点整理表"对优选出的招聘信息进行整理备忘。

2. 整理和回顾一下本节课的所学，到"职场心愿树"写下你的想法并分享交流感悟。

职场放松屋 ≫

◆ 小王的故事

小王是一所中职学校高星级饭店运营与管理专业毕业的学生，目前正在一家四星级连锁酒店 A 酒店实习。小王很珍惜这次实习机会，工作认真负责，加上自己专业成绩不错，在全市中职学生技能大赛中餐宴会摆台项目中还获了一等奖，小王很快便在实习生中脱颖而出。酒店人事部经理关注到了小王，让她参加近期酒店的内部招聘。小王很中意这家酒店，但考虑酒店离家远，交通不方便，所以对经理的邀请只是口头答应，并没有当回事。

实习期临近结束，由于学校举行的双选会还有一段时间，小王就先通过就业招聘网站行动了起来。自己家在旅游度假区附近，周边高星级酒店很多。小王秉持广撒网的原则，见酒店招聘就投递简历，由于自身条件不错，收到了不少面试邀请。但每次面试小王都是接到电话就去，也没有过多准备，面试结果多数都不太理想，面试通过的几家，小王自己又觉得不满意，感觉还没有实习酒店发展好。

匆忙中，小王错过了学校的双选会。眼看周围的同学都找到了心仪的工作，小王着急了，转身联系实习酒店人事部，这才知道，A 酒店的内部招聘已经结束，而且这次内部招聘主要为 A 酒店新开的分店做准备，分店就在自己家附近。想到这里，小王肠子都悔青了，直叹自己为什么错过了这么好的机会。

❥ 渠成水才到：掌握有效就业信息获取的"命门"

"这是资讯爆炸的时代，这是资讯饥渴的时代；人们面前有着各样信息，人们面前一无所有；人们利用信息直登天堂，人们正在信息干扰下奔向崩溃……"对如今的求职者来说，信息是一把双刃剑，有人借助它的丰富、便捷和低成本优势得偿所愿，也有人被它弄得晕头转向，不知所以。

魏晋时期的"竹林七贤"之一王戎，有一次与小伙伴们出去玩。他们看到路边的李子树上有很多成熟的果子，小伙伴们竞相去采摘，只有王戎不动。别人问他为什么不去摘，他说这些树在路边，果子还有那么多，肯定是苦的，如果是甜的早就被摘完了。抢着去摘果子的小伙伴一尝，果真如此。

经济学讲交易成本，指"信息不对称"是交易成本的重要组成。总的来说，经济学上的交易成本理论认为信息越透明，交易成本越低，越有利于自由竞争，市场效率越高。

而即将要去市场上"找饭碗"的大学生们也应该知道，社会上的求职网站很多，信息公开，应聘的成本极低，但那些信息就像路边的李子，看起来数量很多很诱人，只是成功率很低，品尝起来滋味并不好。

再明确一点，求职时的一般规律是获得信息的成本低，应聘的成本低，参加应聘的人数就会越多，求职者的应聘成功率就会越低。而竞争对手少的应聘，求职者的成功率更高。以内部推荐和网上应聘为例：内部推荐条件下，一个空缺岗位也许只会有三五个应聘候选人,这些人很大可能都会获得面试机会;网上应聘条件下,职位信息都是公开的,人人都可以投简历,可能会有三五千人应聘,符合条件的可能会有三五十人,假设企业只安排十个人面试,总体上获得面试的比例连百分之一都不到。因此,哪怕你完全符合招聘条件,也有可能被淘汰。

有个曾经做过人力资源管理(Human Resource,HR)的朋友打算换工作,在一些大型的招聘网站上发送求职简历,随后的两个星期几乎每天都接到不同公司的面试通知。虽然面试机会不少,但他却抱怨"每家公司的面试候选人太多了,招聘一个人却要叫上二三十人去面试"。

求职者通过不合适的渠道应聘,要么找不到工作,要么找不到合适的工作。有工作经验的人换工作通过社会招聘,应届毕业生求职应该主要通过校园招聘。应届毕业生找工作和有工作经验的找工作,在信息渠道、招聘流程和时间规律等方面有巨大的差异。大家都是找工作的,为什么会不一样?

雇主招聘应届毕业生和招聘有工作经验的需求点不一样,招聘的标准、方法就会有差别。好比市场里的活鸡和饭店里做好的辣子鸡,活鸡需要加工过才能吃,辣子鸡马上就可以吃,所以买活鸡的人和买辣子鸡的人的需求动机不同。应届毕业生就像活鸡,需要"加工"过才能"吃";有工作经验的人就像"辣子鸡",马上就可以"闻鸡起筷"。

"凡先处战地而待敌者佚,后处战地而趋战者劳。"简单说就是打仗要以逸待劳。求职高峰时,一两个月内可能就要提交十多份令人抓狂的网络在线申请(一份网络在线申请动辄得花数小时),参加若干次笔试、面试。不少人总是快到截止日期才匆匆忙忙乱填一气,仓促上阵的下场就是成为被淘汰的分母,而不是成功的分子。

越是难得的机会越要精心准备,求职者应该怎么做到"以逸待劳"呢?

首先,一般来说大公司每年都会招聘应届毕业生,而且他们会在每年的同一时段进行招聘,非常有规律。只要查看他们往年的招聘纪录,就可以知道他们招聘的规律(招聘什么专业、在哪些学校开宣讲会、申请表都有什么内容等)和预测他们将来一年的日程安排。

其次,自己特别感兴趣的单位要收藏他们的官网,关注官方微信和微博等,并且定期查看他们的网站，对那些集中发布招聘应届毕业生消息的网站定期查看，只要招聘公告一出来马上就能知道，从而有充分的时间来做准备。

——出自《渠成水才到：掌握有效就业信息获取的"命门"》，http：//edu. people. com. cn/n1/2016/1021/c1053-28796255. html，2020-06-01。

职场通关廊 >>

表1-7 招聘信息要点整理表

要点	内容	招聘信息一	招聘信息二	……
基本信息	名称			
	地址			
	交通工具			
	预计从学校（家）到达用人单位的时间			
简历投递	投递途径			
	反馈方式			
招聘安排	应聘流程			
	时间			
	具体地点（楼栋号、办公室号）			
	联系人			
	联系方式			
其他注意事项	1.			
	2.			
	3.			

职场心·愿树 »

亲爱的同学，你觉得在择业信息的收集与甄别优选中，还有哪些途径是你需要拓展的？还有哪些地方是你还需要注意的？

职场拾贝苑 »

亲爱的同学，请将你在本节课学习、活动中的收获、体会和成长记录下来吧！

收获：_____

_____

体会：_____

_____

成长：_____

_____

职场启迪堂

森林里有棵树，树上住着一只乌鸦。树下有个洞，洞里住着一只狐狸。一天，乌鸦叼来一块肉，站在树上休息，被狐狸看到了。狐狸垂涎欲滴，很想从乌鸦嘴里得到那块肉。由于乌鸦站在树枝上嘴里叼着肉，狐狸没有办法在树下得到。对肉的垂涎三尺又使狐狸不肯轻易放弃。它眼珠一转说："亲爱的乌鸦，您好吗？"乌鸦没有回答。狐狸只好赔着笑脸又说："亲爱的乌鸦，您的孩子好吗？"乌鸦看了狐狸一眼，还是没有回答。狐狸摇摇尾巴，第三次说话了："亲爱的乌鸦，您的羽毛真漂亮，麻雀比起您来，就差远了。您的嗓子真好，谁都爱听您唱歌，您就唱几句吧！"乌鸦听了非常得意："说我嗓子好，爱听我唱歌的只有你狐狸。"乌鸦高兴地唱了起来。刚一张嘴，肉就从嘴里掉了下去。狐狸叼起肉就钻到洞里去了，只留下乌鸦在那里"歌唱"。

——出自［俄］克雷洛夫著，辛未艾译，《狐狸和乌鸦：克雷洛夫寓言》，上海，上海译文出版社，2009。

在求职过程中，我们可能也会遇到这样的"狐狸"，给我们设置了很多陷阱，想方设法从我们这里获取不正当的利益。如果我们对这些陷阱没有充分的了解和防备，就可能会和故事中的乌鸦一样，掉入陷阱之中。

职场加油站 »

◆ 一、择业中的安全防范

在择业时，安全防范非常重要，增强求职择业中的自我保护意识能让我们避免上当受骗，更顺利地找到自己心仪的工作。我们需要掌握的择业中的安全防范包括：警惕非法传销陷阱，警惕就业保证金陷阱，警惕签订劳动合约陷阱，警惕毕业生求职风险，警惕求职者个人信息诈骗陷阱和警惕用人单位试用陷阱。

◆ 二、择业中的安全应对策略

（一）记"三心"

1. 记细心。

对于通过各种渠道获得的就业信息一定要想方设法，通过各种途径进行核实，确保信息的真实性，只要加以仔细辨别，往往还是能识别欺骗的招数的。

2. 记戒心。

在求职中，因为缺乏经验，毕业生常抱有善良的心理，认为所遇到的人都是真诚可信赖的。但你必须认清求职过程中存在陷阱的可能性，要时刻保持思想警惕性。

3. 记法制心。

在签订合同时如遇不合理条款要谨慎签约，在工作之后，如工作条件、岗位和待遇不符，要正确运用法律武器维护自己的合法权益。

（二）忌"三心"

1. 忌贪心。

看到用人单位"高薪"字眼时，先要掂量一下，往往轻松又高薪的工作，必有猫腻。

2. 忌急心。

急于找工作的心理，很容易让一些人借机找到骗取钱财的机会，这些人以各种名义收取费用，再人去楼空。

3. 忌糊涂心。

毕业生对自己的职业发展方向和能力定位认识不清，不够坚定，很容易被花言巧语迷惑进入陷阱。

职场活动亭 >>

看一看

看看"职场启迪堂"中的寓言故事《狐狸和乌鸦》，说说乌鸦是怎样一步一步掉进狐狸的陷阱的?

狐狸第一次说话，乌鸦 _____

狐狸第二次说话，乌鸦 _____

狐狸第三次说话，乌鸦 _____

造成这种情况的原因是 _____

说一说

和乌鸦一样，当择业者被"狐狸"盯上后，陷阱很可能就在其面前。和身边的同学讨论一下，在择业中可能会遇到哪些陷阱呢?

_____

_____

想一想

读一读"职场放松屋"的《求职六大陷阱》打油诗，归纳总结择业中会遇到哪些陷阱，试着把这些陷阱进行分类。

_____

填一填

1. 择业陷阱五花八门、层出不穷。坏人往往像狐狸一样摸清了择业者的心理弱点，趁机对择业者实施欺骗，让其掉入陷阱之中。如何能在择业中保持头脑清醒，远离陷阱呢？各小组就总结归纳出的各类陷阱，共同商讨有效应对这些陷阱的策略，填在表1-8中。

表1-8　有效应对择业陷阱的策略

序号	策略
1	
2	
3	
4	
5	
6	

2. 各小组在全班分享展示小组的有效应对策略。

3. 相互借鉴，形成自己的"防陷阱最强攻略"吧。

闯一闯

1. 择业陷阱防不胜防，去"职场通关廊"试试你的防范能力吧。

2. 分享一下你准备在即将到来的择业过程中如何增强自我警惕性吧！

职场放松屋 >>

⟩ 《求职六大陷阱》打油诗

黑中介，胆子大，非法招人，把你拉，

假兼职，海口夸，点点鼠标，你能发，

乱收费，项目杂，体检服装，花费大，

扣证件，已违法，个人信息，全泄漏，

培训贷，陷阱大，高额贷款，还不清，

传销窝，不能去，发招下线，是目标。

职场通关廊 >>

择业过程中，各种陷阱防不胜防，你能避免落入择业陷阱吗？来接受考验吧。

1. 同学、朋友或亲戚给你介绍了一份光鲜亮丽的工作，听说特别轻松，而且收入颇丰，你会直接就去吗？

去（　　）→ 3 题

不去（　　）→ 2 题

2. 两个月过去了，你投出去的简历仍然没有回音，你很着急。终于收到一家公司的入职通知，可是却要求收取五千元的"岗前培训费"，你觉得合理吗？

合理，应该交费（　　）→ 4 题

不合理，拒绝交费（　　）→ 5 题

3. 去了这家公司之后，你每天都在参加培训，公司承诺只要你拉拢其他相识的人进入公司或购买产品，你的级别就越高，你获得的回报也将会越高。你会怎么做？

离开（　　）→ 2 题

拉亲戚朋友入伙（　　）→ A

4. 你没有足够的钱交"岗前培训费"，公司告诉你可以申请与公司合作的小额贷款公司的"培训贷"，通过贷款交这笔培训费，之后再用每个月工资来还贷。你会怎么做？

申请"培训贷"交费（　　　）→C

拒绝使用"培训贷"找朋友借钱交费（　　　）→B

5. 你打算在网上求职，发现要求填写很多表格，其中涉及很多个人信息，从个人身份证号码、电话号码、QQ号码、电子邮箱到家庭住址、父母情况一应俱全。你会怎么做？

全部如实填写（　　　）→D

在未明确用人单位资质的情况下，暂不填写（　　　）→6题

6. 通过层层面试，你终于要签订劳动合同了，但你发现合同中有一些明显不合理的条款，如高额的违约金、超长的试用期等，你会怎么做？

工作得来不易，默默签订合同（　　　）→E

对有失公平的条款提出异议，不畏压力勇敢维权（　　　）→F

A——非法传销陷阱

B——就业保证金陷阱

C——高额贷款陷阱

D——个人信息诈骗陷阱

E——劳动合同陷阱

F——成功防范陷阱

职场心·愿树 »

你希望告诉你身边曾经遇到过择业陷阱的或即将求职的朋友，择业求职中自我保护的哪些重要信息呢？

你在择业时，要注意的安全防范包括 ＿＿＿＿＿＿＿

＿＿＿＿＿＿＿＿＿＿＿＿＿＿＿＿＿＿＿＿＿＿＿＿

＿＿＿＿＿＿＿＿＿＿＿＿＿＿＿＿＿＿＿＿＿＿＿＿

＿＿＿＿＿＿＿＿＿＿＿＿＿＿＿＿＿＿＿＿＿＿＿＿

＿＿＿＿＿＿＿＿＿＿＿＿＿＿＿＿＿＿＿＿＿＿＿＿

＿＿＿＿＿＿＿＿＿＿＿＿＿＿＿＿＿＿＿＿六个方面，

求职中的安全策略有记"三心" ＿＿＿＿＿＿＿＿＿＿、

＿＿＿＿＿＿＿＿＿＿、＿＿＿＿＿＿＿＿＿＿，忌"三

心" ＿＿＿＿＿＿＿＿＿＿、＿＿＿＿＿＿＿＿＿＿、

＿＿＿＿＿＿＿＿＿＿。

职场拾贝苑 >>

亲爱的同学，请将你在本节课学习、活动中的收获、体会和成长记录下来吧！

收获：＿＿＿＿＿＿＿＿＿＿＿＿＿＿＿＿＿＿＿＿＿＿＿

＿＿＿＿＿＿＿＿＿＿＿＿＿＿＿＿＿＿＿＿＿＿＿＿＿＿

体会：＿＿＿＿＿＿＿＿＿＿＿＿＿＿＿＿＿＿＿＿＿＿＿

＿＿＿＿＿＿＿＿＿＿＿＿＿＿＿＿＿＿＿＿＿＿＿＿＿＿

成长：＿＿＿＿＿＿＿＿＿＿＿＿＿＿＿＿＿＿＿＿＿＿＿

＿＿＿＿＿＿＿＿＿＿＿＿＿＿＿＿＿＿＿＿＿＿＿＿＿＿

第二单元 >> 求职技巧

职场启迪堂 »

苏格拉底带着他的学生们来到一片金黄的麦田边，麦田里到处都是金灿灿的麦穗。苏格拉底让学生们在规定时间内从麦田的这头走到那头，摘一个自己认为最好的麦穗，不能走回头路。

于是学生们进入麦田开始寻找。或是看上了一个麦穗，可离自己太远了，没有在规定时间内摘到。

或是刚开始找到一个觉得满意的便立刻摘下来。

向前走时看到有更好的就放弃了前一个，一路选一路放弃。

或是看到了一个自己认为满意又可以摘到的，结果被别人捷足先登取走了……

结果走到麦田尽头的时候，学生们都是两手空空的。

苏格拉底带着他的学生们来到一片金黄的麦田边，麦田里到处都是金灿灿的麦穗。苏格拉底让学生们在规定时间内从麦田的这头走到那头，摘一个自己认为最好的麦穗，不能走回头路。

于是学生们进入麦田开始寻找。或是看上了一个麦穗，可离自己太远了，没有在规定时间内摘到；或是刚开始找到一个觉得满意的便立刻摘下来，向前走时看到有更好的就放弃了前一个，一路选一路放弃；或是看到了一个自己认为满意又可以摘到的，结果被别人捷足先登取走了……

结果走到麦田尽头的时候，学生们都是两手空空的。

——改编自甄眉舒编著，《启迪青少年善于发现的 168 个故事》，北京，北京教育出版社，2014。

为什么学生们没有找到他们自认为最好的那枝麦穗？在寻找和选择麦穗的时候有什么技巧可用呢？求职过程和选麦穗过程是一样的，求职者想找到理想的工作，除了要有与职位匹配的知识、技能、素质外，还需要掌握一些必要的求职技巧，才能找到一份自己理想的职业。

职场加油站 ≫

→ 一、求职技巧的含义

《现代汉语词典（第 7 版）》中关于"技巧"一词的解释是："表现在艺术、工艺、体育等方面的巧妙的技能。"一般而言，技巧指在某一领域或某一过程中对专门技术的灵活运用，如绘画技巧、学习技巧、销售技巧等。

求职技巧是在寻找工作的过程中对专门技术的灵活运用、综合运用，如撰写自荐书的技巧、面试形象、面试技巧等。

◆ 二、求职技巧的表现

第一，知己。 求职者根据"自身特点"（知识技能、人格特质等）和自己的"发展期望"（预期待遇、晋升空间等）等因素进行"职业定位"，明确求职目标，将大大提高求职效率。

第二，知彼。 求职者在充分"知己"的基础上，根据企业的招聘计划，多渠道收集与分析招聘信息，包括招聘企业的基本情况、发展状况、对人才的需求情况以及现有招聘岗位的人才要求等，使求职的准备工作更具有针对性。

第三，有的放矢。 求职者在充分"知己""知彼"的基础上，进行个人优势的充分挖掘与展现，比如自荐书的制作、面试形象的定位、面试技巧的运用等，在求职过程中，做到合理分析、正确应对，实现人职匹配，最终实现求职目标。（图 2-1）

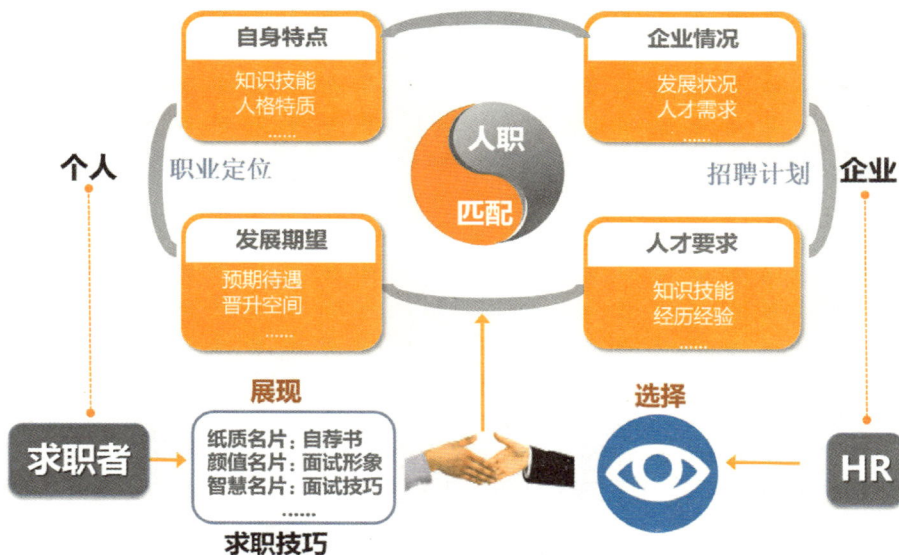

图 2-1 求职技巧的表现

注意： 有技巧而非唯技巧，求职的技巧不是固定不变的，要根据实际情况灵活运用，除了关注自荐书制作、注意面试形象、重视面试技巧之外，求职者还需注意与求职相关的其他方面。

❯ 三、求职技巧的意义

求职技巧不仅在个人求职过程中具有重要意义，而且对个人、企业、社会发展也具有重要意义。如果求职者不重视求职技巧，不提前做好相应的准备，就可能在求职过程中屡屡碰壁，求职结果也会不尽如人意。求职技巧的意义体现在以下方面。

增强自身实力。在求职过程中，求职者在充分挖掘展现自身能力与素养的基础上灵活运用求职技巧，注重策略，讲究方式方法，"实力"+"技巧"将大大增强求职者自身实力。

获取更多机会。求职者兼具内容实力的自荐书和得体的面试形象能使其在每轮淘汰性选择中，赢得更多先入为主的印象加分，从而能在海量的求职信息中，引起求职单位的关注与好感，从而获得更多的求职面试机会。

提高求职成功的概率。求职者只有掌握求职技巧并灵活运用，才能在整个求职过程做到"胸有成竹、全盘考虑、充分准备，谋定而后动"。只有在求职过程中充分分析自我，展示真实的自我，不好高骛远，不眼高手低，做好充分准备，求职者才更有可能在求职中脱颖而出，获得求职成功，实现就业目标。

更好实现人职匹配。求职者只有做到知己知彼，才更能做到有的放矢，凸显自身实力，满足企业需求。知己要了解自身特点与需求，知彼要了解企业需求，运用求职技巧实现自身需求与企业需求一致，达到人职匹配的目的。

🏐 **职场活动亭** ≫

∴ **析一析**

1. 阅读"职场启迪堂"中的故事。

2. 分小组讨论并完成表 2-1：假如你是苏格拉底的学生，你将怎样寻求属于你的麦穗呢？你还有可能遇到其他的哪些情形，又该怎么应对？

表 2-1 "职场启迪堂"中的故事分析表

情景序号	学生遇到的情形	出现此情形的原因	应对技巧
情景一	看上了一个麦穗，可离自己太远了，没有在规定时间内摘到		
情景二	刚开始找到一个觉得满意的便立刻摘下来，向前走时看到有更好的就放弃了前一个，一路选一路放弃		
情景三	看到了一个自己认为满意又可以摘到的，结果被别人捷足先登取走了		
其他情景			

完成后，可以扫描二维码查看参考信息。

3. 在麦田寻找自认为最好的麦穗的过程，犹如我们在茫茫职场中寻找自认为理想的职业的过程。这个故事给你的求职过程带来一些怎样的启示呢？

找麦穗技巧

填一填

古今中外，在求职的路上，有成功的经验，也有失败的教训。阅读"职场放松屋"中的故事，充分对比分析求职成功与求职失败的故事，分析其成功或失败的原因和给你带来的启示（表 2-2）。

表 2-2 "职场放松屋"中的故事分析表

故事	成功 / 失败	原因	启示
故事一			
故事二			
故事三			
故事四			

辩一辩

在求职的道路上是否需要技巧呢？有的人认为个人本身具有的知识、能力等是关键，"是金子总会发光的"，求职技巧不是那么重要。也有的人认为纵然有深厚的知识和较强的技能，但"好酒也怕巷子深"，必要的技巧让自己的实力得到更好的展现也是必要的。

1. 你赞同哪种观点？

2. 全班分成正反两方，辩一辩。

帮一帮

1. 扫描二维码观看视频《小高求职记》，看小高是如何面试的。

小高求职记

2. 如果你是这个经理，你会录取小高吗？为什么？

3. 小组讨论分析：小高哪些方面有待改进？如何改进？请填在表 2-3 中。

表 2-3　小高求职中有待改进的方面及改进措施

求职要素	有待改进的方面	改进措施
求职材料		
面试形象		
面试技巧		

想一想

即将面临求职择业的你，是否已经开始着手关注并积累求职技巧？你已经准备好了哪些求职技巧？还缺哪些方面？你准备如何让自己在求职技巧上有所提高？

1. 请将自己的思考写在"职场通关廊"吧。

2. 分享自己所填写的内容。

3. 认真聆听并学习他人所分享的内容，将他人好的经验记录下来，为你所用吧。

职场放松屋 »

故事一

招聘会上，商贸专业的小郑看上了一家外商投资的外贸公司招商部职员岗位。可走进面试场地，她发现居然是老板亲自来面试，不由自主地有些慌张起来。

考官的第一个问题就把她"呛"住了。"我们招的是专科学历，你是中职学历，怎么会来应聘这个岗位？"她支支吾吾地回答："我觉得你们公司挺好的，也比较适合我的专业。""我们公司好在哪里？这里工作压力很大，平时要经常加班，你可以适应吗？"……几个问题问下来，小郑已经有点儿迷糊了。

——出自谢珊主编，《大学生职业生涯发展训练》，广州，广东高等教育出版社，2012。

故事二

在校园招聘会上，即将毕业的小刘经熟人介绍，与某建设集团达成了就业意向。为招聘到合适的员工，该集团已经在省内外赶了多个"场子"，付出了大量的人力、物力，所以，尽快签约便成了该集团的一大要务。但小刘认为，春节还没过，节后招聘单位肯定少不了，都不行，还可以报考公务员，机会肯定少不了，与这个单位已经有了意向，先占下再说，也不着急确定下来。结果，春节后小刘如走马观花般参加了无数场招聘会，却发现，学校组织的那场招聘会上来的单位才更对口。即便有个别单位能看上眼，但却都是"落花有意，流水无情"。由于准备不足，报考公务员的事也耽搁下来。转眼间已经是6月中旬，小刘这才着了慌，再想通过社会关系落实个岗位，已经不那么现实了。

——出自张书明主编，《大学生就业指导教程》，济南，山东大学出版社，2006。

▶ 故事三

战国时期，秦军在长平一线大胜赵军，并包围了赵国的国都邯郸。赵国形势危如累卵，赵王派平原君去楚国求救。平原君出发前想挑选出二十名文武双全的门客与他同去。平原君只找出十九名，再也选不出一名合适的人了。这时毛遂向平原君自我推荐说："算我一个怎么样？"平原君笑着说："你来这儿有些时间了，可是没有听说你的突出才能。有本事的人就像布袋里的锥子，立刻会露出尖锋来。你还是留在家里吧。"毛遂开诚布公且幽默地说："话虽这么说，如果我来这以后您就把我放在袋子里的话，那锥尖儿早露出来了。"平原君见毛遂语出不凡，就把他录用了。这样毛遂就成功谋得平原君随行人员一职。

——改编自谢文晶编，《史记故事》，北京，北京教育出版社，2018。

▶ 故事四

日本松下电器公司总裁松下幸之助，年轻的时候生活贫困，常为找工作而奔波。有一次，瘦弱矮小的松下到一家电器工厂去谋职，负责人看到松下衣着肮脏，觉得很不理想，但又不想直说，于是找了一个理由说："我们现在暂不缺人，你一个月以后再来看看吧。"这本来是个托词，但没有想到一个月后松下真的来了，那位负责人又推说此刻有事，过几天再说。隔了几天松下又来了。如此反复几次，这位负责人干脆说出了真正的理由："你这样脏兮兮的是进不了我们的工厂的。"于是，松下幸之助回去借了一些钱，买了一套整齐的衣服穿上又返回来。这人一看实在没有办法，便告诉松下："关于电器方面的知识你知道得太少了，我们不能接受你。"两个月以后，松下幸之助再次来到这家企业，说："我已经学了不少有关电器方面的知识，您看我哪方面还有差距，我一项项来弥补。"

这位人事主管盯着他看了半天才说："我干这一行几十年了，头一次遇到像你这样来找工作的，我真佩服你的耐心和韧性。"结果，松下幸之助的毅力打动了那位主管，终于如愿以偿进入那家工厂上班了。后来松下凭借努力逐渐发展成为日本电器行业的一个非凡的人物。

——出自钟召平、王剑波、李瑞昌主编，《大学生职业规划与就业创业指导》，济南，山东人民出版社，2013。

职场通关廊 ≫

请静下心来认真梳理一下你已经具备的求职技巧与还需要努力的求职技巧以及努力措施。

已经具备的求职技巧：_____

_____

还需要努力的求职技巧：_____

_____

具体努力措施：_____

_____

收获到的优秀经验：_____

_____

_____

职场心·愿树 ≫

亲爱的同学，相信你对求职技巧的主要内容和价值意义已经有了初步的了解。那你的求职心愿是什么呢？在下面写下来吧，激励自己不断提高和提升自己的实力和技巧！

职场拾贝苑 ≫

亲爱的同学，请将你在本节课学习、活动中的收获、体会和成长记录下来吧！

收获：_____

_____

体会：_____

_____

成长：_____

_____

职场启迪堂 »

负责招聘的人员需要在两周时间内浏览所有的简历，并从中挑选 300 份进入下一环节。

某公司

	招聘数量	应届生投递简历
2019年客服岗位	5人	1000多份

负责招聘的人员在完成这项工作的同时，还承担着其他的工作。

简历

如果应届生的简历千篇一律、不具特色，就很难在这个阶段赢得招聘人员的关注和青睐。

　　2019 年，某公司客户服务岗位招聘时，拟招聘人员的数量为 5 人，收到应届生投递的简历超过 1000 份。

　　公司负责招聘的人员需要在两周时间内浏览所有的简历，并从中筛选出 300 份进入下一环节。负责招聘的人员在完成这项工作的同时，还承担着其他的工作。

　　如果简历千篇一律、不具特色，就很难在这个阶段赢得招聘人员的关注和青睐。

　　　　——改编自中南财经政法大学就业指导服务中心，《未来任我行：财经与政法类大学生的六堂职业必修课》，上海，上海财经大学出版社，2016。

在求职过程中，往往是自荐书先于求职者本人到达面试考官面前。求职者能否获得面试机会或能否获得直接录取的机会，很大程度上取决于求职者自荐书的制作是否适合岗位要求，是否正是面试考官想要见面或直接录用的人选。那么，如何制作适合岗位需求的自荐书呢？

职场加油站 >>

◆ 一、自荐书的含义

自荐书是向管理机构或用人单位自荐谋求职位的书信，是求职者成功应聘的"敲门砖"。

◆ 二、自荐书的构成

自荐书一般由封面、求职信、个人简历、附件四部分构成。

（一）封面

1. 封面的内容。

求职者的姓名、专业、求职意向、毕业学校、联系方式等。

2. 封面的作用。

封面是首先引起用人单位注意的重要元素，其要领是要体现特色和信息。有特色才能在第一时间吸引用人单位的"眼球"，为你率先赢得机会。精心设计的封面不仅能给用人单位留下深刻印象，还便于用人单位和你取得进一步的联系。

3. 封面的制作技巧。

一是姓名信息要醒目。通常将姓名放在信息第一行"开头"位置，便于推销自己。名字是个人的品牌，所以名字应置于封面最醒目的位置，可用色彩和字体加以强调。

二是电话号码放正确。求职者的电话号码要放在最末一行。自荐书投递到外地时要在固定电话号码前加区号。根据国际通行的电话号码分节法，8 位号码采用"四四分"，7 位采用"三四分"，即最后一节为四个数字的原则，如 2397-8763，367-5327。写手机号码时要用"三四四"的分节原则。

三是风格设计要简洁。封面设计风格要符合应聘岗位要求，信息完整，求职意向明确。

（二）求职信

1. 求职信的构成。

求职信的一般结构如下。

一是标题。一般用较大字号在求职信上方写上"求职信"或"自荐信"。

二是称呼。第一行顶格写收信单位名称或个人姓名尊称，第二行空两格写上问候语，如"您好"。

三是正文。称呼下面另起一行空两格开始简明扼要地、有针对性地概述自己，突出特点与所聘职位要求一致。正文部分是求职信的重点部分，内容较多，要分段写。

四是结尾。正文结束后另起一行空两格写祝福语，换行空两格写"此致"，再另起一行顶格写"敬礼"。

五是落款。另起一行由求职者亲笔签名，如果是打印件，签名处要留空白，再另起一行写时间。

2. 求职信的作用。

求职信是求职者向用人单位表达意愿的函件，具有争取面试机会的一种半正式沟通作用。

3. 求职信的撰写技巧。

求职信是自荐书的主要部分。

第一，称呼要严谨有礼。称呼要严肃谨慎、恭敬有礼，不要过分随便亲昵。收信人要是单位里有录用实权的人，要特别注意此人的姓名和职务，书写要准确无误。若用人单位有关人员姓名不详，在求职信中要直接称阅信人的职务头衔，如"×××公司负责人""×××单位负责人"。

求职信的目的在于求职，称呼后的问候语一般为"您好"而非"你好"。

第二，开头要直接简洁。求职信的开头要在语言表达上力求简洁、富有吸引力，不要虚与委蛇、客套问候，让人产生厌恶情绪。

例如，以下两则求职信的开头就较为理想：一是"我是××学校即将毕业的学生，想在贵公司谋求一份职业"；二是"得悉贵公司正在拓展业务，招聘新人，且昨日又在《××报》看到贵公司招聘广告，故有意应聘×××岗位一职"。

第三，正文要简明扼要有针对性。正文求职信的核心部分，主要内容一般是简明扼要地介绍自己与应聘职位有关的学历水平、毕业学校、专业、辅修专业、经历、成绩等，重点放在介绍自己适合所求职位或岗位的条件上，突出这方面的重要成绩、特长和优势，也可简要阐述自己被聘用后的敬业精神和工作态度。

总之，正文部分要做到突出重点、言简意赅、自然诚恳，具有吸引力和新鲜感，使对方阅读后即对求职者产生兴趣。但这部分不能代替简历，较详细的个人简历应作为自荐书的另一部分。

第四，结尾要恰当得体。求职信的结尾，主要是进一步强调求职的愿望，希望用人单位能给予考虑，或希望前往面谈，接受单位的进一步考查等；也可用表示敬意、祝福之类的词句作结尾，如"深表谢意""祝贵公司事业蒸蒸日上""此致敬礼"等。例如，以下两则求职信结尾，就能够达到上述要求：一是"我的个人简历及相关材料一并附上，如能给我面试的机会，我将不胜荣幸。"二是"如我有幸成为贵单位的一员，将严格遵守单位的各项规章制度，发挥自己的聪明才智，开拓创新，创造业绩，以报答贵单位对我的信任！祝贵单位事业蒸蒸日上！"

第五，落款要字迹工整。署名、日期要在致敬语右下方，签署求职者的姓名及具体日期。日期写在署名下方，应用阿拉伯数字书写，年、月、日俱全。最好是手写署名，字迹要工整。

小贴士：求职信篇幅最好只占一页。

（三）个人简历

1. 撰写个人简历的准备工作。

了解自身情况，做好职业定位。收集相关招聘信息，了解公司情况，分析岗位要求并将公司、岗位和自身情况联系起来思考。

2. 撰写个人简历的基本原则。

一是实事求是，扬长避短。不编造、不夸张，也不消极评价自己。

二是知己知彼，有的放矢。人职匹配是自我定位和社会定位的统一，也是求职者与招聘企业共同的诉求，只有在合理认识自己、明确求职目标和了解企业需求、岗位要求的基础上才可能实现。

三是精心设计，语言简洁。由于招聘人员筛选一份简历用时一般为 10～20 秒，重点是人职匹配，因此，个人简历必须精心设计，语言要简洁，篇幅占一页，分类明确，突出重点，内容要根据岗位要求精心筛选。

四是准确无误，避免错误。细心检查所写信息，严格避免错别字、病句以及错误的数据。最好请文笔好的朋友审查一遍，因为别人比你自己更容易检查出错误。

3. 个人简历的一般格式。

简历的格式一般有表格式简历、半文章式简历、组合式简历、创意式简历。常用的是表格式简历和半文章式简历。

4. 个人简历的主要内容。

个人简历的主要内容一般从九个方面展开：一是个人信息，如姓名、性别、年龄、联系方式等，其他内容根据招聘信息要求增加；二是教育背景，一般只写最高学历、学校、专业、培训等；三是工作（学校）经历，一般包括时间、职位、业务、业绩（最好量化）以及个人收获；四是社会实践与实习经历，一般包括时间、公司部门、工作内容、业绩（最好量化）以及个人收获；五是专业知识与技能；六是特长与爱好；七是获奖情况；八是求职意向；九是自我评价。

（四）附件

1. 附件的主要内容。

附件一般包括：毕业证、专业资格证书、具有代表性的获奖证书以及能佐证能力、业绩的证明性材料等。

2. 附件的装订技巧。

附件的选择要与企业需要相匹配，按佐证材料分类别整理好，一个类别制作一个封面，按时间顺序进行编号并标注页码，装订时要考虑通常的阅读翻页习惯，以便让考官翻看资料时一目了然。

◆ 三、自荐书投递后的问询

投递自荐书后要适时打电话询问，即投递自荐书几天之后如果一直没有收到单位通知，要主动打电话询问，但不要频繁打电话，询问时可以表示自己对公司职位感兴趣并再简单介绍自己的专业特长和应聘优势。

职场活动亭 》》

读一读

阅读"职场启迪堂"的材料，说说这则材料给你什么启示。

_____

_____

绘一绘

1. 你认为自荐书一般包含几个方面？每个方面的准备技巧和注意事项分别是什么？

2. 以小组为单位，将对上述问题的思考整理成一张思维导图。

3. 在全班展示和分享制作的思维导图。

4. 在别的小组展示时，将本小组有缺漏的地方补充完善。

找一找

自荐材料不是现代才有的哦，在古代自荐材料的重要性依旧不言而喻。看看古人的自荐材料撰写能够给我们什么启示呢？

1. 阅读"职场放松屋"的故事，找找东方朔这封"求职信"中进行自我介绍所包含的要素。

_____

2. 分析为什么东方朔能够凭借这份"自荐材料"在众多人中脱颖而出。

_____

3. 这份自荐材料给你什么启示呢？

_____

➤ 试一试

"职场通关廊"中给出了一则招聘启事，请根据相关要求完成任务吧。

➤ 析一析

1. 由老师提供若干份本专业相关职业（岗位）的招聘启事，或在网络上查找相关招聘启事，分析这些招聘启事对人才要求的主要关键词都有哪些。

2. 根据这些招聘启事要求的要点，结合自身特点，根据表 2-4 的提示，写下你的求职优势，为制作自己的纸质名片——自荐书做好准备吧！

表 2-4　我的求职优势

项目	具体信息
基本信息	
专业优势	
工作／实践经历	
特长、爱好	
获奖信息	
自我评价	

3. 分享内容要点及心得感受。

公元前 140 年，刘彻当上了皇帝，下诏招聘天下"方正贤良文学材力之士"，以充实各级政府部门。

这是一次自由命题作文考试，精英们各显神通，下笔狂书——有大书古今治国之道者，有大肆指责现行施政之缺失者，有自吹自擂、自比周公者。

考试结束，发榜之时，只有一人录取，这个人就是历史上大名鼎鼎的东方朔。

据《汉书》记载，东方朔有这么一段自诉：

"臣朔少失父母，长养兄嫂。年十三学书，三冬文史足用。十五学击剑。十六岁学《诗》《书》，诵二十二万言。十九学孙吴兵法，战阵之具，钲鼓之教，亦诵二十二万言。凡臣朔故已诵四十四万言。又常服子路之言。臣朔二十二，长九尺三寸，目若悬珠，齿若编贝，勇若孟贲，捷若庆忌，廉若鲍叔，信若尾生。若此，可以为天子大臣矣。臣朔昧死再拜以闻。"

（译文：草民东方朔少年时就失去了父母，依靠兄嫂的扶养长大成人。十三岁开始读书，经过三年的刻苦，读的书籍已经够用。十五岁时学习击剑，十六岁学《诗》《书》，阅读量达到二十二万字。十九岁又开始学习兵法和作战常识，懂得各种兵器的用法，以及作战时士兵进退的钲鼓，这方面的书也读了二十二万字。草民总共已经读了四十四万字。草民钦佩子路的豪言。草民年方二十二岁，身高九尺三寸，双目炯炯有神，像明亮的珠子，牙齿洁白整齐得像编排的贝壳，勇敢像孟贲，敏捷像庆忌，廉俭像鲍叔，信义像尾生。草民这样的人，应该能够做天子的大臣吧！"）

刘彻读后认为东方朔气概不凡，便命令他在公车署中等待召见。

——改编自刘德恩主编，《就业设计》，上海，华东师范大学出版社，2011。

1. 请阅读下列材料，勾画出招聘启事中需要重点关注的关键词。

❖ ××幼儿园招聘启事

××幼儿园是一所市级二级公益幼儿园，创办于 2016 年，拥有完善的教育教学设施。充满童趣的现代化园舍，为孩子提供了良好的生活和学习环境。

我园建园至今已开设有大班、中班、小班、托班共计 9 个教学班，580 余名幼儿，教职工 40 余人，在岗教师均系学前教育专业毕业并取得教师资格证，其中本科学历达 20%，大专学历达 80%。我园坚持让每一位孩子健康、自信会生活，开朗、热情会交往，好学、创造会学习，全面、和谐会做人的办园宗旨。我园多次被评为×××地区先进单位。

招聘人数：5~8 人（4 位教师，1~4 位保育员）。

招聘要求：

（1）身体健康，富有活力，形象气质佳。

（2）热爱幼教事业，具有高度的责任心，态度端正，工作稳重踏实。

（3）有扎实的幼儿园教师基本功，普通话标准、口齿伶俐。

待遇：4000~5000 元

电话：×园长 138806××××

2. 如果你是负责招聘的人员，通过阅读下面的简历，你愿意给下面这位应聘者机会吗？为什么？

个人简历

罗XX	
性别·女　年龄·18	
联系方式：1350801XXXX	照片
电子邮箱：76867XXX@qq.com	
通讯地址：XX市XX区XX街XX号	
政治面貌：团员	
身体状况：健康	

详细介绍

[求职意向] 希望成为一名优秀幼儿教师

[教育背景] 2015年9月—2018年7月XX中学学前专业

[在校任职]

2015年9月—2016年7月 班级劳动委员

（负责班级卫生的安排、检查与监督，培养了认真负责的工作态度）

2016年9月—2017年7月 班长

（协助班主任做好班级卫生、纪律、活动开展等工作，锻炼了组织领导、协调、演讲能力）

[社会实践]

2017年8月 到XX影楼打工实习一个月

（负责接待、修片与做册等工作，提高了平面设计能力，工作时更细心，更耐心、深刻理解了顾客就是上帝的观念）

2017年10—11月到XX幼儿园见习2个月

（协助班主任做好教学、保育工作，加深了对学前教育的理解，提高了教育教学能力，增强了作为幼儿教师的信心）

[专业课程]

学前卫生学、儿童发展心理学、声乐、舞蹈、美术、学前教育学、幼儿心理学、幼儿教育心理学、幼儿保健学、幼儿教育研究方法、游戏学原理等

[自我评价]

性格开朗活泼、大方、待人热情、真诚、极具亲和力。做人诚实守信准时，积极主动，有责任心，能吃苦耐劳，善于与人沟通，注重团队精神，有较强的接受新事物与新环境的能力，组织纪律性强，有较好的自学能力。

[特长爱好] 看书、绘画、打篮球

[证　书] 教师资格证　·普通话二级甲等　·保育员证

[获奖情况] 2016年5月获学校优秀学生干部
　　　　　　2017年5月获校绘画比赛一等奖

职场心·愿树 >>

亲爱的同学，通过上面的学习相信你对如何制作自荐书已经有了一定的了解，你觉得你将要制作的自荐书中最能吸引和打动招聘人员的是什么呢？请将你的自荐书要突出的亮点写在下面吧！

职场拾贝苑 >>

亲爱的同学，请将你在本节课学习、活动中的收获、体会和成长记录下来吧！

收获：_____

_____

体会：_____

_____

成长：_____

_____

职场启迪堂 »

一天，鲁迅身穿一件灰色斜纹布长衫，脚蹬一双普通胶鞋，到上海华懋饭店看望好友。

等了好一会儿，也没有第二个人来。

1933年9月的一天，鲁迅身穿一件灰色的斜纹布长衫，脚蹬一双普通胶鞋，留着长长的黑胡须，去上海沙逊大楼里的华懋饭店看望史沫特莱。

鲁迅来到大楼门前，看门人把他浑身上下打量了一番，然后直截了当地说：走后门去。后门是为运东西的工人和"下人"们使用的。鲁迅没有说什么，绕了一大圈，从后门进去了。接着他进入电梯，开电梯的人看了鲁迅一眼，却装作根本没看见的样子，不理会他。鲁迅想，等一会儿吧，再有别人上楼的时候，一道上去。

可是，等了好一会儿，也没有第二个人来。于是，他便催促了一句："我去七楼。"开电梯的人对鲁迅从头顶到脚尖上上下下一番打量后，连手都懒得抬，把脑袋向另一边摆了一下，说："那边有楼梯，走着上去吧！"没法子，鲁迅只得沿着楼梯一层一层地爬到七楼。

鲁迅后来将此事告诉友人时，总结了一句：这样社会，古今中外，易地皆然，可见穿着也不能等闲视之。

——出自李树德，《鲁迅乘电梯遭拒》，载《人民政协报》，2014-06-12。

自古以来形象往往与身份挂钩，形象就是身份地位的象征，就连文学大家鲁迅先生也深有此感。现如今虽然形象与身份不完全挂钩，但得体的形象能够体现一个人的社会地位和个人涵养，能够给人留下良好的第一印象，从而帮助其在社会交往中建立更具优势的竞争力。

职场加油站 >>

◆ 一、面试形象的含义

面试是指在特定场景下，以考官对考生的面对面交谈与观察为主要手段，由表及里测评考生的知识、能力、经验等有关素质的考试活动。简单来说，就是当面考试。

形象指能引起人思想或感情活动的具体形态或姿态。形象既是一个人外表的体现，也是一个人内在品质和修养的外部表现。

面试形象是指一个人在面试过程中展现的仪容仪表仪态。

◆ 二、面试形象的作用

第一，展现个人品位，提升面试信心。得体的面试形象是一个人内在品质和修养的外部表现，能充分展示一个人的阅历、谈吐、审美以及对所应聘工作的重视程度，也能提升个人的自信心。

第二，深化第一印象，奠定成功基础。第一印象能产生首因效应，首因效应是人与人在第一次交往中所留下的印象对人们以后行为活动评价的影响，强调了在人际关系中第一印象对他人知觉的重要性。得体的面试形象能让面试官感受到礼貌与尊重，能使应聘者获得面试官的好感，能给面试官留下良好的第一印象，获得更多的机遇和成功的可能性。

◆ 三、面试形象的注意事项

（一）面试仪容

1. 发饰。

男士：切忌头发不能太长，刘海不能遮挡住眼睛，不可染夸张颜色，以整洁利落为标准。

女士：不要戴太多的发饰，如果有刘海，建议修剪到眉毛以上，长头发建议扎马尾。切勿染夸张颜色、烫夸张的发型。

2. 妆容。

男士：胡须整理干净，面部整洁即可。

女士：脸部妆容一定要淡而自然，切忌浓妆艳抹。

（二）面试仪表

1. 服饰。

"人靠衣装，马靠鞍。"在求职面试中，得体的服饰能给人留下良好的第一印象。服饰要根据自己的身高、身材选择，以合身、简单、整洁为主，注意扬长避短。

职业套装是比较简单且安全的选择，在套装的选择上要注意套装的质感，不要有线头、衣服不平整等情况的出现，否则会给面试官留下不好的印象。选择服饰时要遵循"三色原则"，即同色系配色、上下装同色、对比色搭配。

面试服饰的选择要根据应聘职位做适当调整，每个行业都有自己特定的服饰风格，如公务员、律师面试时以正装为主，注意服饰板型要与身高、身材相符，以深色为佳，给人沉稳干练的感觉；美甲师、发型师面试服饰以有艺术感、富有创造力为主，引领时尚潮流。

2. 鞋袜。

在参加面试时，鞋袜的选择要与服饰相契合，以与服饰的颜色相同或相近为佳。穿西服的男士，黑色皮鞋为首选，不能选浅色或白色袜子。穿套裙的女士，宜搭配皮鞋，不宜选鞋跟过高的鞋，应根据套裙颜色选择长筒袜或连裤袜。鞋子方面不能穿凉鞋、拖鞋或无后跟等过于休闲的鞋类。

3. 饰品。

在参加面试时，饰品的佩戴要与服饰统一，不能佩戴帽子，不能佩戴浮夸的饰品。男士除领带、领结、手表以外，其余饰品均不建议佩戴。女士可佩戴与服饰相匹配的手链、项链或胸针，饰品要大方得体，最好同质同色。

（三）面试仪态

1. 问候。

进门前一定要敲门，征得面试官同意后方可进入。面试前，要主动向面试官问好，问候态度自然大方，应该行鞠躬礼。行礼时，身体立正站稳，男士双手自然放于身体两侧，女士双手合前。鞠躬时，眼睛注视脚前方1.5米处，上身倾斜15°～30°，并使用问候语，如"各位考官，早上好。"

2. 表情。

面试时应该略带笑容，在与面试官交谈时眼睛切勿东张西望，面试官与你说话时，眼睛要诚恳地看着对方。

3. 站姿。

面试时的站姿要保持站正、站直。从正面看，身体重心应在两腿中间，不要左偏或右偏。从侧面看，脚后跟、小腿肚、臀部、肩部、头部应在一条直线上。

4. 行姿。

行姿透露出一个人的性格、年龄和心境。走路时四肢要协调，步伐稳健，展示自信，传递给面试官积极的信号。

5. 坐姿。

面试时坐姿应保持收腹挺胸，身正肩平，目光平视，四肢摆放规矩。

6. 递接物品。

递接物品时要尊重他人，起身双手递物或者接物。

7. 告别。

面试结束后，应主动向面试官表示感谢，起身后将椅子扶正。走到房门时，主动询问面试官是否需要关门，如需关门，正身朝内，身体后退轻轻关门，并与考官道别。切忌扬长而去。

面试形象不是绝对固定的，应该根据面试的类型和应聘的职位做适当的调整。在面试中应该注意，面试的发饰以简单利落为主，面试的妆容以清新淡雅为主，面试的服饰要注重搭配，面试的礼仪以尊重他人为主。

职场活动亭 >>

读一读

1. 阅读"职场启迪堂"鲁迅的故事，谈谈饭店工作人员为什么没有接待鲁迅，故事给你哪些启示？

2. 观看"职场放松屋"面试技巧神技能，谈谈你的收获。

看一看

1. 由老师和一位同学分别扮演面试官和应聘者，进行职场模拟面试，其他同学观察：

①应聘者进门的仪态表现；

②应聘者仪表仪容（由于条件限制，暂且不考虑服饰是否符合应聘职位，观察服饰是否穿戴整洁即可）；

③应聘者入座的仪态表现；

④应聘者离开时的仪态表现。

2. 分析在模拟职场面试中同学的面试形象值得表扬的地方有哪些，不足的地方有哪些。为什么？

选一选

1. 陈敏要去一场比较正式的面试，请你在认为合适的面试形象下面打"✓"，不合适的下面打"✗"。

（1）面试仪容。

（　　）　　　　（　　）　　　　（　　）　　　　（　　）

（　　）　　　　（　　）　　　　（　　）　　　　（　　）

（　　）　　　　（　　）　　　　（　　）　　　　（　　）

（2）面试仪表。

（　　）　　　　（　　）　　　　（　　）　　　　（　　）

（　　）　　　　（　　）　　　　（　　）　　　　（　　）

（　　）　　　　（　　）　　　　（　　）　　　　（　　）

（3）面试仪态。

（　　）　　　　（　　）　　　　（　　）　　　　（　　）

（　　）　　　　（　　）　　　　（　　）　　　　（　　）

2. 你在选择的时候，依据是 _____

试一试

整洁、得体的面试形象是面试的基本要求，根据面试职位的不同，面试形象也需适当调整。例如，客服专员工作性质沉稳庄重，发型师工作性质时尚前卫。

下周一，小王要去参加客服专员的面试、小刘要去参加发型师的面试，请你为他们打造适宜得体的面试形象，并用语言进行描述。

招聘启事	招聘启事
客服专员招聘	发型师招聘
工作职责：	**工作职责：**
1. 拟订门店对客户的电话回访、营销活动、生日送达、常规关怀等的标准及执行；	1. 能按美发店服务程序和规范，有礼貌地接待宾客，并提供美发、咨询服务；
2. 负责门店客户服务的情况，做整理、分析、调整；	2. 根据顾客的不同特征，设计制作出符合顾客要求的发型；
3. 负责门店客服技能的培训工作；	3. 能独立进行洗发、剪发、吹风、梳理、烫发、染发的技术操作；
4. 领导安排的其他与客服相关的工作。	4. 能熟练使用美发用品、工具设备；
任职要求：	5. 能指导美发助理工作。
1. 性格开朗，思维敏捷，能较好地与同事相处，沟通表达能力强；	**任职要求：**
2. 熟练操作电脑办公软件，打字速度40字/分钟以上；	1. 形象好气质佳，熟悉当代时尚美发技术；
3. 工作有责任心，有独立处理问题的能力；	2. 有发型师经验，剪法精准细致，吹风造型功底深厚，设计理念时尚而有品位；
4. 市场营销专业毕业；	3. 沟通能力强，能够为顾客提供优质服务。
5. 可招收实习生、应届毕业生，一年以上相关工作经验优先。	

小王的面试形象：_____

小刘的面试形象：_____

闯一闯

如何塑造个人面试形象，你学会了吗？商业心理学研究显示，人与人之间沟通所产生的影响力主要来自语言、语调和视觉三个方面。其中语言占7%、语调占38%、视觉占55%，由此可见视觉的重要性。在面试中，服饰作为视觉的第一感官，成为关注焦点，所以在面试中得体的服饰是至关重要的，请到"职场通关廊"为自己打造面试形象并分享吧！

☂ 职场放松屋 ▶▶

请在网络上搜索并观看郝蕴主讲的视频《形象力——如何全程高能地完成面试》，了解面试技巧神技能。

优秀的简历、丰富的阅历、清新的妆容能让你在面试中占有先机，而得体的服饰、规范的行为举止能为你的面试锦上添花。在面试这种重要的场合中，无论是仪容、仪表还是仪态都应该符合职场礼仪规范，这样才能够助你一臂之力，才能让你更好地实现自己的目标，踏入理想的职业道路。

✝ 职场通关廊 ▶▶

在不久的将来你们都会离开校园，踏入职场，面试是踏入职场的第一步，今天就请你们为自己打造得体的面试形象吧！请你用一幅画或者一段话描述。

你的性别：_____　　　　应聘职位：_____

画一画或说一说：

职场心·愿树 »

亲爱的同学，你期望的面试形象是什么样的呢？请你总结自己现在已经达到的方面有哪些，还需要努力的方面有哪些。

职场拾贝苑 »

亲爱的同学，请将你在本节课学习、活动中的收获、体会和成长记录下来吧！

收获：_____

_____

体会：_____

_____

成长：_____

_____

职场启迪堂 »

我认为贵公司真正需要的是有能力的人才，就公司招聘的职位而言，我完全有能力胜任，而且干得比别人更出色，因为我拥有别人没有或少有的财富。

小张从学校毕业后在六年内干了五份工作，都因为公司经营不善倒闭了。他又开始了第六次的寻找。小张顺利地进入面试阶段，首先做了这样的陈述。

你何以证明你所说的？

我虽然只具有中职学历，但具有六年以上工作经验，先后在五家公司任职过……

总裁对眼前这位年轻人产生了兴趣。

你六年进了五家公司，五家公司都倒闭了，能证明你能力强吗？

我很了解那五家公司，也曾与大家努力挽救过那些公司。虽然没有成功，但我从那些公司的失误与失败中学到了许多的东西。很多人只追求成功的经验，而我有避免失误和失败的经验。我深知：成功的经验大抵相似，但失败的原因各不相同。别人的成功经历很难成为我们的财富，但别人的失败过程却能给我们很大的帮助。

说完，小张就要朝门外走去。

非常感谢您听我说了那么多，我最后还有几句话。我想说的是这六年的经历锻炼了我对人、对事、对未来的敏锐的观察力。举个例子吧，您并不是招聘上说的总裁，而是副总裁。您 1993 年从美国加利福尼亚大学取得经济学博士学位归国，而且……

忽然，小张又回过头来面对总裁继续说。

张 XX，你被录取了！

没等小张把话说完，全场便一片哗然。这时，只见总裁微笑着说他被录取了。

小张从学校毕业后在六年内干了五份工作，都因为公司经营不善倒闭了。他又开始了第六次的寻找。小张顺利地进入面试阶段，首先做了这样的陈述："我认为贵公司真正需要的是有能力的人才，就公司招聘的职位而言，我完全有能力胜任，而且干得比别人更出色，因为我拥有别人没有或少有的财富。"小张面不改色心不跳地侃侃而谈。

总裁对眼前这位年轻人产生了兴趣："你何以证明你所说的？"

"我虽然只有中职学历，但具有六年的工作经验，先后在五家公司任职过……"小张将他的经历一口气说了出来。

"你六年进了五家公司，五家公司都倒闭了，能证明你能力强吗？"总裁问道。

小张说："我很了解那五家公司，也曾与大家努力挽救过那些公司。虽然没有成功，但我从那些公司的失误与失败中学到了许多的东西。很多人只追求成功的经验，而我有避免失误和失败的经验。我深知：成功的经验大抵相似，但失败的原因各不相同。别人的成功经历很难成为我们的财富，但别人的失败过程却能给我们很大的帮助。"

说完，小张就要朝门外走去，忽然又回过头来面对总裁说道："非常感谢您听我说了那么多，我最后还有几句话。我想说的是这六年的经历锻炼了我对人、对事、对未来的敏锐的观察力。举个例子吧，您并不是招聘上说的总裁，而是副总裁。您1993年从美国加利福尼亚大学取得经济学博士学位归国，而且……"

没等小张把话说完，全场便一片哗然。这时，只见总裁微笑着说："张××，你被录取了！"

——改编自孟毅军、陈光主编，《就业指导》，成都，西南交通大学出版社，2014。

在竞争日益激烈的现代职场，面试时，不仅要学会聪明的谦卑，更要充分展示出自己的价值，根据实际情况灵活从容应对。你知道有哪些面试技巧能够让你在众多面试者中脱颖而出吗？

职场加油站 ＞＞

◆ 一、面试的类型

一是程序式面试。面试官按照事先设计好的程序和题目采用一问一答的形式考察应聘者，是最常规的面试方式。提问内容可能是：其一，就简历上的内容择重点提问；其二，由招聘小组事先准备好题目，通常是一些比较常规化的问题，如职业生涯规划、成功经历、优点缺点、情景问题解决等。

二是随意式面试。主考官与你家常式的聊天，通常从"自我介绍"开始。在应聘者说得口沫横飞的时候面试官会突然打断，提出一些他感兴趣的或者尖锐的问题。通常一些有丰富工作经验和社会阅历的面试官喜欢采用这种方式与应聘者交流，伺机观察应聘者的人品、见识、应变能力和谈吐。

三是压力式面试。这是一种事先设计好的故意刁难，令应聘者难堪，甚至让其无法回答，以观察应聘者在突如其来的变故下的应变能力。加压的方法通常有频繁打断应聘者的发言，让应聘者不能完整地表达自己的观点；不断否定应聘者的观点；态度恶劣地、非客观地批评应聘者的诸多不是；对应聘者表现出很不耐烦和不专心的态度，如喝茶、接电话、面试官自己闲聊等。如果你在面试中遭遇突如其来的打击，就应该知道这是"压力面试"，不一定是面试官真实的态度。

四是游戏式面试。这种面试通常让多位应聘者在一定时间内共同完成一些游戏任务，如搭积木、设计故事、角色扮演等。在整个游戏过程中，面试者会观察应聘者的合群性、参与性、创意、说服与接纳、团队协作等。

五是团队面试。这种面试通常让多个应聘者在一定时间内就给定的案例做小组讨论，然后两个小组进行辩论或者推举代表做当众陈述。考查的内容和游戏面试相似，因为比游戏面试方便，这种面试方式在大公司招聘中非常普遍。

六是群体面试。一个面试官或者多个面试官对多个应聘者采取问答的形式，是程序式面试和随意式面试的升级版，提问的问题和这两者相似。困难之处在于应聘者自由发言而不是轮流发言，势必有人会"霸占"别人的发言机会。

七是会审式面试。 会审式面试通常是具有不同背景、来自不同部门的多个面试官对一个应聘者进行的面试，提的往往都是和面试官的工作内容有关的问题。

八是电话面试。 电话面试是近年越来越流行的"初试"方式，如外企通常在电话中用英文提问应聘者简历的内容，并要求应聘者用英文回答，借此考查应聘者的反应及英文水平。

◆ 二、面试的技巧

面试在《现代汉语词典（第7版）》中译为"对应试者进行当面考查测试"。面试技巧是指在当面考试时运用的技巧。在面试实施阶段，合理地运用面试技巧，有助于应聘者获得面试官的青睐，助力面试成功。

（一）遵守时间

面试时，不迟到是最基本的礼仪。迟到是大忌，一定要遵守面试时间。由于应聘者第一次到新公司，对于环境并不熟悉，建议提前15分钟到达，调整心态，熟悉环境，准备面试。

（二）知礼懂礼

1. 轻声叩门进入面试场地。

面试时，要知礼懂礼，展现自己的品行、风貌。当用人单位示意应聘者可以进入面试场地时，应聘者切勿莽莽撞撞，直接进门。首先，应该起身站立，整理仪容仪表，从容走到门前，轻声叩门，在得到面试官允许后轻轻推门而入；其次，将门从里面轻轻地关闭，动作一定要得体、自然。

2. 主动问好面试官。

应聘者初见面试官时，微笑鞠躬并主动问好，声音清脆亲切地道一声"您好"。如果考官主动与你握手，应聘者应身体微躬（比面试官身体略低）热情地伸手过去与之相握。

3. 得到示意方可入座。

当主考官示意考生入座时，应聘者道谢后方可落座。轻声拉出凳子，就座后适当调整坐姿。上身坐直，微向前倾，不要弓腰曲背，不要跷二郎腿。

4. 双手递交个人资料。

在面试过程中，如果需要递交个人资料，应聘者应起身站立，身体微躬，双手奉上，并礼貌用语，如"这是我的个人简历，您请看。"

（三）从容应对

在回答问题环节，切忌抓耳挠腮、神情恍惚，目光要注视面试官，神情自然，声音洪亮，用词得体，发音清晰，语调自然，语速适宜。不要过多使用语气词、口头语，回答问题干脆从容。面试环节不是固定的，在面对压力型的面试类型时，应聘者难免会紧张，切勿乱了阵脚，要懂得从容应对。

（四）实事求是

面试时，面对的面试官不乏专家，回答面试官的问题时要实事求是，如实回答，不可胡诌乱编，谎话连篇，切勿不懂装懂，可以虚心请教。

（五）展示优势

面试时间往往很短，应聘者很难将自己的优点全部展示，因此，要抓住机会，展示自己的优势。每个人都有特长和不足，在面试时要突出自己的特长，回避自己的不足。必要时可婉转说明自己的不足，并用其他办法弥补。

（六）言行得体

应聘者在面试过程中的一言一行都要得体，注意自身谈吐。面试过程中，不要随便打乱对方说话，不要轻易反驳，要适当地点头表示赞同，使用礼貌用语。

（七）礼貌离开

在面试结束后，应聘者应礼貌向面试官道谢。起身后将椅凳扶正归于原位。轻声开门并询问面试官是否需要关门，如需关门，出门后转身，正身面对考官，道声"再见"，轻声关门后方可离开。

▶ 三、面试后的处理技巧

一是耐心等候面试结果。面试结束后，应聘者应耐心等候应聘单位的回复，切勿在面试结束后立刻询问面试结果，这是不礼貌的行为。应聘者可以在面试结束前询问面试结果的公布时间及方式，也可尝试在面试结束后预计初步结果出来的时间节点主动打电话询问结果。

二是及时总结取长补短。一次面试就是一次成长，无论成功与否，在面试结束后，应聘者都应该总结此次面试中存在的问题，做得好的方面继续保持，做得不好的方面及时纠正。即使面试失败，也无须沮丧自卑，及时调整心态，总结经验，充分准备，找准定位，重新面试。

▶ 四、面试的十大禁忌

面试的十大禁忌包括：忌说话太急、忌提问幼稚、忌没有主见、忌反应木讷、忌目中无人、忌坐立不安、忌不懂礼仪、忌信口开河、忌言语离题、忌抢话争辩。

▶ 五、面试常见问题及考核要点

问题一：请你进行自我介绍。

自我介绍是面试中必考题目，用人单位主要是想通过此问题考查应聘者对自己进行分析和认识的视角、态度，以及语言概括能力和表达能力等。

问题二：你有什么业余爱好？

用人单位通过此问题考验应聘者对生活的态度，及应聘者的性格、观念、心态等，并据此判断其业余爱好的性质是否会影响工作。

问题三：你有哪些优点和不足？

用人单位提出此问题的目的通常不是泛化地想要了解应聘者的优点不足，而是想要了解应聘者有没有有助于应聘职位的优点和阻碍工作成效的缺点等。

问题四：你为什么学这个专业？

用人单位提出此问题通常是想了解应聘者对于所学专业的认知和其所学专业与即将从事工作的关系，了解应聘者对事业的长远规划、学习动力及思考能力等。

问题五：你是应届毕业生，缺乏经验，如何能胜任这项工作？

应聘单位提出这个问题并不代表在乎应聘者是应届毕业生，主要考验的是应聘者面对刁难问题的心态、应对能力以及对未来工作会持有的态度等。

问题六：你和其他应聘者有什么不同？

此问题考查应聘者的应变能力，对自我的认知、对自己的特点和工作能力等的分析，不自信和盲目自信，一味褒扬自己、贬低别人都是大忌。

问题七：你为什么要选择我们公司？

用人单位通常想要从应聘者的动机中，了解其对公司的认识了解程度以及从中体现出的应聘者对待一件事物的态度等。

问题八：你如何看待我们公司？

这个问题主要是考查应聘者对于公司的关注原因和关注程度，了解应聘者是否认同企业文化，了解应聘者的发展规划是否与公司发展方向一致等。

问题九：谈一谈你的一次失败经历。

用人单位往往想通过此问题考查应聘者对失败的定义及其面对失败的心态、抗挫折能力和处理方式等。

问题十：你觉得你的条件与我们公司的要求有哪些差距？

这个问题主要考查面试者的应变能力，对于应届毕业生而言，很少有人能完全符合用人单位招聘条件的。考官提出此问题，目的通常在于考查应聘者是否能说服考官认可自己。

问题十一：与上级意见不一致时，你将怎么办？

此问题考查应聘者的沟通能力及角色定位，不能盲目地服从上级，但也不能不尊重上级的意见。完全服从说明你没主见，不服从可能会失去机会。

问题十二：你希望与什么样的上级共事？

通过应聘者对上级的"希望"，用人单位可以判断出应聘者对自我要求的意识，这既是一个陷阱，又是一次机会。

问题十三：在校期间，你担任过何种职务？

用人单位通过此问题了解应聘者的组织和综合协调能力，重点在于了解其担任职务过程中的收获与成长。

问题十四：请你谈一谈与本工作有关的工作经历。

通过工作经历，用人单位可以了解应聘者对于此工作的认识和工作能力，以及在此前工作中所积累的经验。

问题十五：你期望的薪资是多少？

这个问题在面试最后环节是经常遇到的。用人单位一方面通过此问题是想查看公司薪资是否与你预期一致，另一方面是想了解应聘者对该行业的了解程度和期望薪资的合理程度等。

职场活动亭 »

读一读

1. 请到"职场启迪堂"阅读小张面试的故事，分析他面试成功的原因。

2. 请到"职场放松屋"看看两位面试者面试失败的经历，分析他们面试失败的原因。

3. 请根据这两则案例的原因分析面试时需要哪些技巧。

试一试

活动主题：模拟面试。

活动分组：根据班级人数进行分组，每个小组5位同学，其中1位模拟面试者、1位模拟主考官、2位模拟副考官和1位模拟记录员。（班级人数无法均分时，可在部分小组增加副考官的模拟者）

角色任务：

1. 教师：为面试者提供所学专业的招聘启事。

2. 面试者：提前查看招聘启事，确定自己想要去面试的职位，做足面试准备。

3. 主考官：熟悉每个面试职位的任职要求，规划问题，在面试环节中负责提问。

4. 副考官：熟悉每个面试职位的任职要求，配合主考官准备面试问题。

5. 记录员：负责统计核算面试评分表中面试者的得分。

活动流程：

1. 面试者自我介绍 2 分钟，包括个人介绍，职业选择原因、自身优缺点等。

2. 考官提问 3 分钟（2～3 个问题），由主考官和副考官根据面试者选择的岗位情况及面试表现选定问题，主考官负责提问，面试者作答。

3. 综合评分：主考官和副考官根据面试者作答情况分别在评分表上对面试者评分，记录员汇总后取平均分，得分最高者获得"入职"资格。

扫描二维码查看面试评分表
及面试评分汇总表

说一说

1. 结合"职场加油站"中面试的类型以及面试技巧内容，说说这次的模拟面试属于哪一种面试类型。

2. 分小组派代表对照面试评分表，谈一谈该小组面试的得与失，分析面试中的面试技巧有哪些，不足的有哪些。

3. 不同角色的参与者分享在模拟面试过程中的感受和获得的经验。

闯一闯

请到"职场通关廊"观看视频并完成相应的任务吧。

张林毕业于某学校电商专业，学校招聘会上，他凭借自己超群的能力成功从一百多名面试者中入围终极面试。这是一个竞争压力特别大的面试，张林觉得要想脱颖而出必须表现积极。在面试时，别人还没说话，张林就抢着回答，一个星期后张林收到了通知，他被客气地告知面试失败。

夏天毕业后参加了大大小小十多次面试，在最近的一次面试中，用人单位对他很满意，于是谈到了薪资。夏天觉得在形势这么严峻的情况下，自己能够获得一份工作已经不易，怎么能够有要求呢？于是他回答："无所谓，都可以。"主考官立刻脸色一沉，请他回去。

在面试中，自信、从容、应变能力是至关重要的，全面综合运用求职技巧是你决胜职场的法宝，巧妙的回答能够让你在众多面试者中脱颖而出。

1. 请在网络上搜索并观看"一色神技能"系列视频之《面试的 10 大经典问题，你都遇到过吗？》

2. 回忆模拟面试的经历，思考视频中面试经典问题的回答技巧，哪些是你已经掌握的，哪些是你还没有掌握的。

已经掌握的：_____

还没掌握的：_____

3. 通过视频内容和模拟练习，请你归纳总结出面试过程中回答问题最关键的要领是什么。

_____

_____

职场心·愿树 »

亲爱的同学，你打算如何提升自己面试回答问题的技巧和智慧呢？请把你的想法写在下面。

职场拾贝苑 »

亲爱的同学，请将你在本节课学习、活动中的收获、体会和成长记录下来吧！

收获：_____

_____

体会：_____

_____

成长：_____

_____

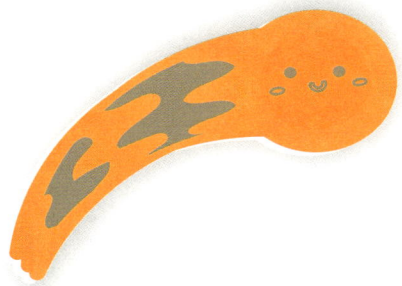

第三单元 >> 职后发展

职场启迪堂 >>

东北大兴安岭的森林里生活着一种会变色的兔子。

夏季的变色兔，头上或背上的毛会变成棕褐色或棕黄色。

冬季的变色兔，身上的毛变成了雪白的"毛衣"。

变色兔可以随着季节性变化更改毛色，与周围环境相适应，使自己得以巧妙地生存下来。

　　我国黑龙江省大兴安岭地区生活着一种会变色的兔子，学名"雪兔"，体长48~54厘米，是国家二级保护动物。如果你第一次看到变色兔，并不会觉得它和其他的兔子有什么不同，可是它的毛色冬夏差异很大，他们身上的毛色会随着四周的环境发生变化。

　　夏天，大兴安岭到处都是黑色的泥土、褐色的山石和绿色的草地，变色兔的头上和背上的毛也会变成棕褐色或棕黄色，腹部是白色，与山石融为一体。有时，连狡猾的狼和狐狸等敌害也会被骗过。冬天，大兴安岭就变成一片白色的世界，这个时候的变色兔很快就适应了环境，除耳尖和眼周的毛为黑色外，其余部分的毛均为雪白色，就像穿上了雪白的"毛衣"，既保暖抗寒，又避免被敌害发现。变色兔是一种缺乏安全感的动物，它跑不过狼，打架也打不过老鼠，可它能随着季节的变化更改毛色，从而与周围环境相适应，便能使自己得以巧妙地生存下来。

——改编自李光，《变色兔》，载《野生动物》，1990（3）。

人生也是一样，必须经历各种阶段。每一个阶段，我们身边的环境也都在发生着诸多的变化。从校园到职场，我们身边的环境会发生哪些改变？我们又应该做出哪些改变，来让我们更好地适应职场的需求，让职场生涯变得顺利、平坦呢？

职场加油站 ≫

➧ 一、职业人与校园人的区别

当我们带着憧憬步入职场，会深切感受到校园与职场的巨大差异，差异究竟体现在哪些方面呢？

从基本生活状态和人际关系来看，其区别主要表现在以下方面。

基本生活状态的区别。职业人往往有固定的时间安排；多数没有寒暑假，节假日少；工作中遇到的问题很少有标准答案；工作考核按工作团队业绩进行评估。而校园人，则往往有更加弹性的时间安排；有寒暑假，其他节假日也较多；学习中遇到的问题往往有标准答案；学习成绩考核多以考试分数上的个人竞争为主。

人际关系的区别。职业人主要面对的是领导与同事。领导通常是结果导向，有时会分派紧急任务，交付周期短，领导有时很难做到公平对待；与同事之间，往往是工作时间在一起，经常有直接的利益关系，很少会有直接的冲突，有意见往往委婉提出来。而校园人主要面对的是老师与同学。老师通常是知识导向，明确规定任务交付的时间，基本上会公平地对待大家；与同学之间，基本上是朝夕相处，关系比较亲密，很少有直接的利益关系，但有时冲突会很激烈，有意见往往直接提出来。

从本质而言，职业人与校园人的根本区别在于权利、义务和规范的不同。

权利的区别。职业人的权利是运用自己的知识、技能、经验，向企业或者社会提供劳动并依法取得报酬。而作为学生的校园人的权利主要是接受教育的权利，具体表现为：有要求父母或者法定监护人支持其到学校接受教育的权利，在家庭或者法定监护人经济状况不好的情况下有请求资助的权利等。

义务的区别。职业人的义务或者说责任是运用知识、技能、经验，为社会服务，完成所在企业或者社会工作岗位规定的具体工作内容，履行具体的工作职责，为社会做出自己应有的贡献。而作为学生的校园人的主要义务就是勤奋学习，积极参与社会实践，力争全面发展，使自己成为合格的社会主义建设者和社会主义事业的接班人。

规范的区别。社会规范就是社会为维护良好的公共生活秩序而制定的行为规范。社会规范因角色的不同而不同。这些规范具体严格，如果违背了就必须承担相应的责任，甚至要承担法律责任。不同的行业、职业都有其各自的规范，且各不相同。而作为学生的校园人，其行为规范主要是从接受培养和教育的角度出发，反映在相应的学生行为准则和学校制定的学生手册中，告诉学生应该怎样做人、如何发展等，更多的是道德和纪律的规范。

◆ 二、职场新人的角色转换

角色原指演员按照剧本扮演的某一特定人物。当人们把社会比喻为舞台时，这一舞台上活动的人就成了角色的扮演者。一个社会是由许多具有不同身份和地位的人按照社会的功能，如生产、社会控制等产生互动的关系系统。社会中的每一个人都被委以一定的地位，如经理与职员、售货员与顾客、厂长与工人、军官与士兵、丈夫与妻子、父亲与儿子、教师与学生等，当一个人根据他在社会中所处的地位，实现自己的权利与义务时，就相当于在扮演着相应的角色。

角色理论专家认为，"角色"表示的不仅是社会对个人职能的划分，表明了个人在社会关系中的位置和身份，而且表明了与这种身份相联系的权利义务和行为模式。例如，儿童这一角色，可以顽皮任性、撒娇哭闹，但儿童还应听话和努力学习；行医的要救死扶伤；做生意的要童叟无欺。人从事不同的社会职业，都要转换成相应的个人行为模式，即角色转换，又叫角色过渡，简单地说，就是新旧角色的转换、更替。

角色的转换意味着个体需要摆脱前一种角色行为模式和心理特点的影响而发展另一种角色所需要的一整套的行为模式和心理特点，调整状态进入新的角色，以期更好地完成新的角色所赋予的任务。积极进行职场角色转换可以帮助我们更好、更快地调整、完善自身认知结构，可以让我们更好地适应职场需要，可以成为我们在职场激烈竞争中脱颖而出的保障。

◆› 三、职场新人角色转换的内容

只有做好角色转换，才能更好地适应职场、胜任职场、走好职业生涯的第一步，角色转换应该从哪些方面入手呢？

第一，转变思想。一是从"要"的心态向"给"的心态转变，二是从宏大"人生理想"向现实"职业理想"转变，三是从"单一"的人际关系向"复杂"的人际关系转变，四是从"浮躁"的心态向"理性"的心态转变，五是从"被动等待"向"主动积极"转变，六是从"寻找借口"向"承担责任"转变。

第二，转变行为。一是作息守时，从上下学的相对随意转变为严格遵守工作时间；二是规范行为，从嬉笑打闹的学生气转变为遵守职场礼仪、工作流程与规范的工作样；三是注重沟通，从宅男、宅女转变为注重与上级、同事、客户的有效沟通；四是恪守道德，从重学生品德行为的修炼转变为遵守职业道德的修炼；五是调整目标，从追求学习成绩的提升转变为追求职业素养的发展。

第三，转变习惯。一是从被动安排向主动作为转变，二是从忠实于学习目标向忠诚于职场规划转变，三是从等任务向找事做转变，四是从重个体行动向重团队合作转变，五是从重个体感受向重换位思考转变，六是从重分数向重实效转变，七是从按惯例向勤反思、重改进、重创新转变。

◆ 四、职场新人角色转换的方法

如何才能更快更好地做好上述三个方面的转换呢？可以通过"职场每日六问"小妙招尝试一下。

问题一：我是谁？每天可以默念三遍"我已经是一名职场人"。

"思想是行动的先导。"认清自己的角色，明确自己的身份，是调整和改变思想、观念和态度，并做好工作的前提。

问题二：我在哪里？可以在头脑中明确自己所在的公司和部门。

积极主动地融入集体中去，认识集体，了解他人，只有这样，才能更快、更好地进入岗位角色，也能更好地得到大家的支持和帮助。

问题三：我的角色或者任务是什么？可以明确自己每天工作的具体任务。

准确判断自己工作的方向、内容、重点是做好本职工作的重中之重。

问题四：这个角色的最大价值是什么？或者怎样才算做好了这个角色？

认清自己存在于集体和职位中的责任和价值，有利于更好地调动自己工作的内在驱动力和责任意识。

问题五：我要具备什么样的能力去实现这份价值？

认清工作的本质便于有效地完成职责。

问题六：我是否具备了需要的那些能力与价值？如果没有，我应该怎么办？

反思、改进是成长提升的重要阶梯。

"职场每日六问"小妙招是帮助我们较好地完成职场新人角色转换的重要方法之一。一名职场新人，要主动融入集体、始终保持积极向上的热情，不断自我发现，自我创造工作的新台阶、新目标，善于学习、借鉴、运用和把握好为人处世及工作的技巧，养成积极做—立马思—再做—再思—再实践的工作作风，不断地学习，积极地改进，不断地提高办事效率，改掉不良的工作方法，力求让自己更加成熟，减少犯错误和出问题的概率，力争在工作上多出业绩，多做贡献，这样就能比较顺利地完成从校园人到职业人的转变。

职场活动亭 >>

想一想

阅读"职场启迪堂"的故事，想一想故事呈现了一个什么道理？对于即将步入职场的我们有什么直接的启发意义？

议一议

经过多年的学习与准备，我们终于要步入职场，迎来人生的第一份职业，你怎么看待自己的第一份工作？工作环境如何？工作待遇如何？领导如何？同事待我如何？工作是否艰辛？……也可以选择自己想象的初入职时的其他相关问题进行讨论。

看一看

想象终归是想象，初入职的现实究竟会有哪些可能的情形呢？通过网络搜索并观看小视频《拯救职场新人，一起为梦想奋斗》（导演：冉星，编剧：罗渝，后期：谭蓉华，发行：周敏）。观看后分享自己的感受。

作为职场新人，职场未必都能像我们所期待的那么美好，或许我们会在新人期经历比较多的风雨。怎么过好新人关？怎么在职场稳操胜券？

闯一闯

知己知彼，方能百战不殆。职场这个新战场，较之菁菁校园，暗藏着哪些玄机？

1. 职场玄机探一探。

学校与职场、学生与员工究竟存在着哪些区别？请结合"职场加油站"中"职业人与校园人的区别"的知识，完成表 3-1、表 3-2 的填写吧。

表 3-1　学校与职场的区别

项目	学校	职场
区别 1		
区别 2		
区别 3		
……		

表 3-2　学生和员工的区别

项目	学生	员工
区别 1		
区别 2		
区别 3		
……		

2. 职场行为变一变。

（1）进入职场，我们就进入了新的环境，有了新的身份、新的职责与目标。为了应对环境及角色的变化，我们必须对自己的思想观念、行为方式和日常习惯等方面做出积极的调整与改变，方能更好地顺应职场、胜任职场。哪些方面需要变，怎么变？请到"职场加油站"认真学习职场新人角色转换的内容与方法吧！

（2）阅读"职场放松屋"故事，完成下面内容的填充。

张一鸣在入职初期，在角色转换的内容方面是怎么做的：

转变思想：＿＿＿＿＿＿＿＿＿＿＿＿＿＿＿＿＿＿＿＿

转变行为：＿＿＿＿＿＿＿＿＿＿＿＿＿＿＿＿＿＿＿＿

转变习惯：＿＿＿＿＿＿＿＿＿＿＿＿＿＿＿＿＿＿＿＿

（3）根据"职场加油站"中"职场新人角色转换的内容"，结合自身的实际，谈谈自己打算在这三个方面如何进行改变，请选择2~3项具体内容进行详细阐述。

示例：

我觉得我的重点是改变习惯。

原因是：我以前上学总爱迟到，认为也耽搁不了多少内容。但作为职业人，就应该准时到岗。一是单位的管理制度，迟到会受到惩罚；二是影响自己的转正及职业生涯的发展；三是会给单位带来不利的影响，所以必须不能迟到。同时，作为新员工，尽量还要坚持早到一点，早到一点可以提前做好一些工作准备，也可以有时间帮助同事做一些力所能及的事情，还能帮助自己融入团队，给同事、领导留下良好的印象。

（4）按照"职场新人角色转换的方法"之"职场每日六问"小妙招，选择自己将来所期望去的公司、自己可能对应的职位进行"职场每日六问"模拟，请在组内完成，并相互点评、补充模拟不全面的地方，每位同学都要进行模拟。

3. 职场困惑理一理。

以小组为单位，到"职场通关廊"，跟几位职场新人一道去解决新手期可能遇到的职场难题吧！

分享交流形成的难题的解决办法。

填一填

到"职场心愿树"，把你决定做好的事项写下来并交流分享感受吧！

面对第一份工作时，我们要善于警觉变化、倍加珍惜、积极适应，让我们的开关之战能为职场的似锦前程奠定扎实根基！

职场放松屋 »

◦› 抖音创始人张一鸣——我初入职时的故事

1983 年出生的张一鸣，在 2005 年从南开大学毕业后，至今参与创办了 5 家公司，如今日头条、抖音等。2013 年，他入选《福布斯》"中国 30 位 30 岁以下的创业者"；2019 年，入选《财富》"中国 40 位 40 岁以下的商界精英"，是目前国内互联网行业最受关注的青年领袖之一。在接受媒体采访时，张一鸣向记者介绍了他刚毕业时的特点。

我是如何在毕业第 2 年就成了管理四五十人团队主管的？

2005 年，我从南开大学毕业，加入了一家公司——酷讯。我是最早期加入的员工之一，一开始只是一个普通工程师，但在工作第 2 年，我便在公司管了四五十个人的团队，负责所有后端技术，同时也负责很多产品相关的工作。

有人问我：为什么你在第一份工作中就成长很快？是不是你在那个公司表现特别突出？其实不是。当时公司招聘标准也很高。跟我同期入职的，我记得就有两个清华大学计算机系的博士。那我是不是技术最好的？是不是最有经验的？我发现都不是。后来我想了想，当时自己有哪些特质。

第一，我工作时，不分哪些是我该做的、哪些不是我该做的。

我做完自己的工作后，对于大部分同事的问题，只要我能帮助解决，我都去做。当时，代码库中大部分代码我都看过了。新人入职时，只要我有时间，我都给他讲解一遍。通过讲解，我自己也能得到成长。

还有一个特点，工作前两年，我基本上每天都是晚上 12 点或 1 点回家，回家以后也编程到很晚。确实是因为有兴趣，而不是公司有要求。所以我很快从负责一个抽取爬虫的模块，到负责整个后端系统，开始带一个小组，后来带一个小部门，再后来带一个大部门。

第二，我做事从不设边界。

当时我负责技术，但遇到产品有问题，我也会积极地参与讨论、想产品的方案。很多人说这个不是我该做的事情。但我想说：你的责任心、你希望把事情做好的动力，会驱使你做更多事情，让你得到很大的锻炼。

我当时是工程师，但参与产品的经历，对我后来转型做产品有很大帮助。我参与商业的部分，对我现在的工作也有很大帮助。

记得在 2007 年年底时，我跟公司的销售总监一起去见客户。这段经历让我知道：怎样的销售才是好的销售。当我组建今日头条招人时，这些可供参考的案例，让我在这个领域不会一无所知。

以上就是我刚毕业时的特点。

——出自 2019 年 7 月 9 日搜狐网"抖音创始人：我面试了两千个年轻人，发现混得好的都有这 5 种特质"。

职场通关廊 》》

从学校到职场、从学生到员工，外在环境发生了变化，内在角色也发生了变化。怎么应对新环境、怎样演好新角色，这是我们作为职场新手在较长时间内需要认真思考和积极破解的重要课题。让我们一起来看看几位职场新人遇到了什么困惑与麻烦，分析他们的问题出在角色转换内容的哪个环节？他们应该如何去解决呢？请帮他们想想办法吧！

情景一：苏笛工作半年了，这半年来，她的生活很不开心，每次一见到老同学，她就像祥林嫂一样，一遍又一遍地抱怨对工作的不满。"每天第一个到办公室，跑腿的杂活儿都是我干，轻松的活儿总轮不到我……每天超时工作，薪水却没什么增长，简直就是个'穷忙族'……我们经理最烦人，我刚工作，经验不足不是很正常嘛，上次我工作中出了点失误，他居然当着好几个同事的面对我态度那么恶劣，我长这么大，我爸、我妈都没对我大声喊过！"

小苏的问题在哪些地方？如果是你，你会怎么办？

情景二：一家公司，招聘了一个新人，能说会道，优越感极强，刚进公司没几天便激情冲天地提出了很多关于公司未来的发展计划，很引人注意。结果不到两个月时间，同事们便发现此人想法很多，行动很少，架子很大，很多小事情他都不放在眼里，觉得太简单，让他做这些事情是大材小用，有失身份，碰到烦琐的工作能躲便躲，惰性极强。于是，大家也就逐渐疏远他了。

这名新人的问题在哪些地方？如果是你，你会怎么办？

情景三：我是小许，今天是我上班的第三天，可是我已经没有了对工作的热情与憧憬，取而代之的是忐忑不安和自卑。因为作为一个办公室新人，我发现我原来是个白痴，什么都不懂，什么都要别人教，而且有些很简单的问题，别人已经说了几遍了，可我就是记不住，问多了又不好意思再问，这种情景好尴尬，心里真的很自卑啊，作为一个职场新人的感觉真的很不好受。

小许的问题在哪些地方？如果是你，你会怎么办？

情景四：玛丽的口头禅是："那么拼命干什么？大家不拿同样一份薪水吗？"玛丽从来都是按时上下班，从不行差踏错；职责之外的事情一概不理，分外之事更不会主动去做。不求有功，但求无过。一遇挫折，她最擅长的就是自我安慰："反正晋升上去是少数人的事，大多数人还不是像我一样原地踏步，这样有什么不好？"

玛丽的问题在哪些地方？如果是你，你会怎么办？

——大部分出自郑州大学叶青青《从学生到职业人的角色转变》讲稿材料。

职场心·愿树 ▶▶

以下是一些成功人士对职场新人的寄语，针对自身实际，你打算在职场新人期首先做好以下的哪几条呢？请把你决定做好的事项前面的序号填在下面的横线上吧！

_____

_____

_____

_____

_____

1. 不论你住得离工作单位多么远，因为你是新入职员工，所以每天早上最少提前 10 分钟到办公室，如果是统一班车，也应提前 5 分钟赶到候车点。上班不迟到，少请假。

2. 不管在任何地方，新入职员工碰到同事、熟人都要主动打招呼，要诚恳。

3. 因为是新入职员工，所以进入办公室应主动打扫卫生，即使有专职清洁工，自己的办公桌也要自己清理。这一切都应在上班正式开始前完成。

4. 早餐应在办公室之外的地方和上班开始前完成。

5. 因为是新入职员工，所以在每天工作开始前，应花 5~10 分钟对全天的工作做一个书面的安排，特别要注意昨天没完成的工作。

6. 每天都要把必须向领导汇报、必须同别人商量研究的工作安排在前面。

7. 找领导、同事汇报、联系工作，应事前预约，轻声敲门，热情打招呼。

8. 上班时间，不要处理私事，特殊情况须提前向领导请示。

9. 除工作需要之外，不要利用工作电脑聊天、游戏、看新闻。

10. 遇到困难自己要学会思考怎么去处理，而不是把所有问题丢给上级，自己坐等结果。

11. 遇见大问题，可提前知会上级，让上级帮忙整合资源，一起帮助你怎么解决当前棘手的问题。

12. 做事不要拖，今日事今日毕，殊不知时间就是金钱，拖一天，对公司来说就损失一天。

13. 关注公司、部门的工作与发展，如有想法和建议，应及时通过适当方式向部门领导乃至更高层领导反映。

14. 快速融入新公司的氛围，即使不是工作需要，也应定期与领导、同事进行沟通。

15. 与他人沟通、合作、交流、谈判时，需注意说话的语速和声调，语速不宜过快、声调过大，更不能情绪失控造成不良后果。

职场拾贝苑 »

亲爱的同学，请将你在本节课学习、活动中的收获、体会和成长记录下来吧！

收获：＿＿＿＿＿＿＿＿＿＿＿＿＿＿＿＿＿＿＿＿＿＿＿＿＿＿＿＿＿＿＿＿

＿＿＿＿＿＿＿＿＿＿＿＿＿＿＿＿＿＿＿＿＿＿＿＿＿＿＿＿＿＿＿＿＿＿＿＿

体会：＿＿＿＿＿＿＿＿＿＿＿＿＿＿＿＿＿＿＿＿＿＿＿＿＿＿＿＿＿＿＿＿

＿＿＿＿＿＿＿＿＿＿＿＿＿＿＿＿＿＿＿＿＿＿＿＿＿＿＿＿＿＿＿＿＿＿＿＿

成长：＿＿＿＿＿＿＿＿＿＿＿＿＿＿＿＿＿＿＿＿＿＿＿＿＿＿＿＿＿＿＿＿

＿＿＿＿＿＿＿＿＿＿＿＿＿＿＿＿＿＿＿＿＿＿＿＿＿＿＿＿＿＿＿＿＿＿＿＿

职场启迪堂 》》

美国著名指挥家沃尔特·达姆罗施 20 多岁就当上了乐队指挥，但他仍保持着谦和、勤勉的作风，没有忘乎所以。

刚当上指挥的时候，我也有些飘飘然，以为自己的才华举世无双，地位无人可撼。可是有一天……

我忘了带指挥棒，马上派人回家去取。

不必了吧，向乐队其他人借一根不就行了？

我有！

我有！

我有！

秘书真糊涂，除了我，别人带指挥棒干吗？

谁有指挥棒？

我心中一惊，突然醒悟：原来自己并不是什么不可或缺的人物，很多人一直在暗中努力，随时要取代我。以后，每当我偷懒或膨胀的时候，那三根指挥棒就会在面前晃动。

美国著名指挥家沃尔特·达姆罗施 20 多岁就当上了乐队指挥，但他仍保持着谦和、勤勉的作风，没有忘乎所以。

面对大家的夸奖，他透露了自己成功的谜底："刚当上指挥的时候，我也有些飘飘然，以为自己的才华举世无双，地位无人可撼。可是一天排练，我忘了带指挥棒，正要派人回家去取，秘书说：'不必了吧，向乐队其他人借一根不就行了？'我想：秘书真是糊涂，除了我，别人带指挥棒干吗？但我还是随便问了一声：'谁有指挥棒？'话音还没落，大提琴手、小提琴手和钢琴手各掏出了一根指挥棒。"

"我心中一惊，突然醒悟：原来自己并不是什么不可或缺的人物，很多人一直在暗中努力，随时要取代我。以后，每当我偷懒或膨胀的时候，那三根指挥棒就会在面前晃动。"

——出自王小丫著，《专注每一件事》，南昌，百花洲文艺出版社，2017。

经过一两年新手期的调整与转换，我们终于对所从事的职业有了一定了解，完成了从校园人到职场人的成功转型，似乎终于在行业内站稳了脚跟。亲爱的同学，你是否已志得意满、高枕无忧？是否也有过指挥家沃尔特·达姆罗施这样的心理：地位无人可撼？

职场加油站 ≫

➤ 一、优秀员工的含义

优秀员工是指那些有一定的才华和能力，有积极平静的心态，能将自己的才华和能力在实际工作中充分运用，在自己的工作岗位上竭尽所能，在职场中创造出出色成绩的人。普通员工与优秀员工的主要差别见表3-3。

表3-3　普通员工与优秀员工的主要差别

内容	普通员工	优秀员工
关于刚入职心理	看重工资的高低，排斥工作中的压力，一味追求工作环境的舒适	看重工作经验的积累；踏实学习业务技能；相信只要有丰富的经验，以后无论到哪儿都能赢得高薪
关于对待问题	在工作中会发现各种各样的问题，对问题往往以抱怨的态度去对待，而没有想办法去解决	在工作过程中遇到问题会冷静分析，并尝试通过各种手段去解决，慢慢培养出解决问题的能力

续表

内容	普通员工	优秀员工
关于执行力	对于领导交代的事情能做就做，不能做就慢慢磨，执行效果较差	对于领导交代的事情积极去解决，遇到问题会积极沟通请示，执行效果好
关于个性	个性张扬，以自我为中心，不善于处理自己与领导、同事的关系，给人留下浮躁的印象	为人谦虚低调，能协调好与领导、同事的关系，人际关系非常好
关于业余时间	通过看电视、打游戏、玩手机等方式度过休闲时光	抽出时间回顾一天的工作内容，反思不足之处，并规划好第二天的工作内容
关于工作重点	工作杂乱无章，不清楚工作的核心内容，忙起来往往手足无措	能很好地做好工作规划，找准核心工作内容，即使忙起来也能井然有序
关于沟通	不善于沟通，往往工作辛苦，但成效却较低	重视沟通、善于沟通，事半功倍
关于眼界	缺乏宏观思考，经常纠结于细枝末节的问题，常常丢了西瓜捡芝麻	善于从整体的角度看问题，能发现事项之间的联系和规律，能从根本上较好地处理问题
关于批评	我行我素，总认为自己是对的，别人的批评、建议都是对自己的偏见、针对与不理解	谦虚地接受批评，认识到自己的不足，并积极改正
关于职业规划	一切随缘，没有职业规划，不知道自己想要什么，得过且过	有自己的职业规划，知道自己想要什么，也知道如何去努力

•▶ 二、优秀员工的重要素质

优秀员工的重要素质主要表现在以下方面：一是目标方面，有切实、高远的工作追求，并为之不懈努力；二是态度方面，主动、热情、细致、周全；三是责任方面，能独立、高效地完成工作，勇于担责；四是能力方面，能高质、高效完成工作任务；五是学习方面，能坚持积累、深入钻研，提升竞争资本；六是细节方面，塑造健康的工作形象，在小事上也要自律；七是人际关系方面，能建立良性的人际关系；八是心态方面，积极、乐观、平和，能抗挫、抗压。

◆▶ 三、优秀员工成长宝典

（一）榜样学习法

找寻身边的优秀员工，发现他们身上的优点，并以跟自己特点、个性相似的某个特定人为榜样模仿他们的工作方式、方法及学习他们日常行为举止的优点。在模仿的时候，既要看到别人的优点，也要找到自己与被模仿者的差距，然后制订出详细的模仿计划，如达成的时间、每个阶段实现的任务等具体内容。

（二）每日反思法

曾子有云："吾日三省吾身：为人谋而不忠乎？与朋友交而不信乎？传不习乎？"曾子每日三省是从三个方面去检查自己的思想和言行的：一是反省谋事情况，即对自己所承担的工作是否忠于职守；二是反省自己与朋友的交往是否信守诺言；三是反省老师传授我的学业是否反复复习了。

不难看出，思考来自提问，只有通过提问和自省，我们才能从思想意识、情感态度、言论行动等各个方面去深刻认识自己、剖析自己。提问可以让我们发现问题并且找到目标。所以，在奔向优秀员工的路上，不妨每天也问自己三个问题。

问题一：在过去的时光里，自己成功或失败的主要原因是什么？

问题二：过去成功或失败的主要原因对个人以后的工作与生活将产生哪些影响（正面和负面）？

问题三：面对现实或面对未来，自己将面对何种机遇或挑战，要改变现状、获得进步，必须把握哪些关键因素？

（三）五步标准法

促进职业成长的方法可以概括为"五步标准法"，具体内容为："写"——写下自己要做的事项；"做"——优质完成"写"的内容；"记"——记下"做"的情况；"析"——认真分析记录的情况；"改"——对"析"中发现的问题进行持续高效改进。五个步骤协调一致、落实到位、坚持执行，成为优秀员工的梦想就会离我们越来越近。

（四）立即行动法

播下一个行动，将收获一种习惯；播下一个习惯，将收获一种性格；播下一种性格，将收获一种命运。成功的秘诀在于立即行动、行动、再行动。一个人的行动永远超过思维的局限，让我们从现在开始为成为优秀的员工立即行动吧！

职场活动亭 >>

议一议

假设入职的时候很多人一起进入同一家公司，几年后大家的发展会是一样的吗？不同的人可能会有怎样的发展呢？

不难想象，几年后有的同学可能受到赏识，成了公司的骨干；有的同学可能仍处于一线，周而复始做着相同的工作，没有太大进展；有的同学可能已被解雇，四下奔走寻找着新工作。为什么同为同学的我们在工作几年后会有大相径庭的状况？你觉得究竟是哪些原因造成了大家的差异？请分小组讨论后在班级分享想法吧！

比一比

万里行舟，不进则退。要想不被职场淘汰或者在职场有更好的未来，就必须努力前行，争做职场优秀员工。什么样的员工才算得上优秀员工呢？请到"职场加油站"去了解一下吧！

对照"普通员工与优秀员工的主要差别"，想想我们自己，可能会在"优秀员工"中具备几条？会在"普通员工"中占据几条？请用笔在"普通员工与优秀员工的主要差别"中针对自己的情况做个标记吧！

学一学

优秀员工应该有哪些方面的主要素质，如何才能练就这些素质呢？

"职场加油站"给提供了优秀员工的主要素质及成长宝典，让我们去学习学习吧！

想一想

阅读"职场放松屋"故事，结合优秀员工相关知识，分析两兄弟谁才算得上优秀员工呢？他身上具有优秀员工的哪些特质？他具体运用了什么方法成就了自己的优秀？请用故事中的具体细节进行说明。

做一做

优秀的行动才能铸就优秀的人才。在职场，应该以哪些特质去迎战日常工作的一道道难关？又应该用哪些方法去成就自己这些素质呢？请去"职场通关廊"完成通关任务并在班级进行分享吧！

品一品

"职场启迪堂"中"三根指挥棒"的故事，向我们讲述了职场中很多人都在暗自努力，我们稍有松懈就可能处于被淘汰境地的深刻道理。请在阅读后结合今天的收获，分享心得感受。

在职场路上，不论是不懈追求自我的成长，还是希望自己永立不败之地，我们应谨记"三根指挥棒"的故事，时刻警醒、不断努力、不断进步、力争优秀，为自己的职场未来加码助力，用行动将"淘汰出局"的危机置之身后！

职场放松屋 »

» 车行两兄弟

有两个年轻人同在一家车行里工作，两个人关系很好，以兄弟相称。他们在这家车行已经工作两年，每天除了修理汽车外什么事也没有。哥哥总不肯闲着，他一会儿扫地，一会儿擦玻璃，有时还帮助别人干活儿。弟弟却不这么勤快，没有急活儿的时候他总是懒洋洋地躺着。

一天，车行里来了一位中年顾客，他说汽车出了点儿毛病，让他们给修理一下。弟弟刚刚吃完饭，正在休息呢，哪里肯干活。于是，哥哥走了过去，把弟弟手中的抹布接过来，给汽车做了检查。车子没什么大问题，就是很长时间没保养过了，于是他对那位顾客说："您放心地交给我吧，车子明天一定能修好。"

客人听到这话，放心地走了。哥哥一刻不停地忙了起来，他不但修理好了汽车，还把汽车里里外外擦得一尘不染。这时，躺在一旁的弟弟嘲笑他说："老兄，别太傻了，不该干的活儿也干了，那么勤快有什么用！"

哥哥却笑了笑说："反正我也没事做，擦擦车我并没有受损失呀，等明天顾客来取车时看到车子焕然一新心里一定很高兴。"

那个顾客来取车了，他看到修好的汽车后非常吃惊，连声感谢修车的哥哥。

不久，哥哥收到一份快件。快件中写道："我是××公司的负责人，你为我修车的这种勤快、细致、周到的精神，使我深受感动。我认为你是一个优秀的人，你愿意来我的公司上班吗？"

哥哥的命运从此发生了改变，不久，经过努力他当上了这个公司的部门经理，而弟弟却仍然在车行里做着他觉得枯燥的工作。

在职场最怕一个"混"字！尤其是对于职校生的我们，在学历方面本就不具优势，如果抱着混的心态，短期内看似偷巧、轻松、没压力，然而在不知不觉中，我们就会混没了青春，混尽了精力，混掉了激情，混失了口碑，到头来连着职场的美好未来都混掉了！

职场通关廊 >>

下面是四个关于毛驴的工作故事，如果毛驴想要改变现状，成为一个优秀员工，应该怎么做呢？请写出你的具体建议吧！

1. 动物们要举行一场联谊会，领导秘书狐狸对毛驴说："你的嗓门高，来一曲独唱吧！"毛驴说："我不去，我唱得很难听。"狐狸说："那你去尝试一下做主持人吧！"毛驴说："我不去，我的形象不好。"狐狸说："那你干什么？"毛驴说："我只拉磨。"

狐狸说："好，你就去拉磨吧。"

　　如果毛驴想要成为一个优秀员工，应该 _____

_____。

　　2. 老虎下山视察，看到其他动物都在玩，只有毛驴在拉磨。老虎顿时赞不绝口："有这样勤奋的员工，是我们动物王国的幸事！"秘书狐狸对老虎说："毛驴很勤奋没错，但是，磨上已经没有东西了，他还在拉磨，这不是制造假象吗？"老虎一看，果真如此，不禁摇头叹息。

　　如果毛驴想要成为一个优秀员工，应该 _____

_____。

　　3. 毛驴发现墙头上有一簇青草，非常眼馋，可又够不到。这时，他发现墙角有把梯子，但毛驴怕搬来梯子后，需要羊帮忙扶梯子，青草要被羊分吃，便干叫了几声放弃了。

　　如果毛驴想要成为一个优秀员工，应该 _____

_____。

　　4. 年终大会上，毛驴又没被评上"劳动模范"。毛驴委屈地向秘书狐狸申诉："为什么我最勤劳、最辛苦，却年年评不上先进？"狐狸笑着说："是啊，你拉磨的本领无人能及，可是，我们已经改用机器拉磨了。"

　　如果毛驴想要成为一个优秀员工，应该 _____

_____。

职场心·愿树 ≫

　　我们已经知道优秀员工应该具备的一些重要素质和成长方法，根据你自身的实际情况，在成为优秀员工的路上，除了教材中列举的方面，你还打算训练自己哪些方面的优秀素质呢？你计划运用哪些方法去进行训练呢？也可运用自己想到的更为有效的方法，请把你的想法写在下面吧！

职场拾贝苑 >>

亲爱的同学，请将你在本节课学习、活动中的收获、体会和成长记录下来吧！

收获：_____

_____

体会：_____

_____

成长：_____

_____

职场启迪堂 >>

我们这公司给的工资太一般，不能够体现我的工作价值，我就混吧！吕勤，你太"缺心眼"了，拿着低工资还那么卖力地工作，简直是头不知疲倦的傻驴。

咱们暂时工作能力不行，就得主动地多学习，等能力提高了，工资自然就上去了！

朱莉与吕勤是同一批进入一家广告公司策划部门的员工，同批被公司转正，在同一部门工作，工作资历相同，两人的工资也一样。

你这是啥逻辑？别的不说，就说去菜市场买菜，出什么样的价格就能买什么价位的蔬菜。其实，人作为劳动者在职场上也是商品，老板出多少钱，员工就付多少劳动，不出够价格，对不起，那我宁愿闲着也不会多干活的……

吕勤加班加点地折腾了一个月，终于给一家客户单位成功策划了一次宣传活动，活动很成功，客户单位很爽快地把剩余的策划费交了。

老板给吕勤发了个三千元的红包，还给她每月涨一千元工资。

你这人真是好糊弄啊！每天只睡六小时，这么勤奋加班，这样的自虐还持续了一个月，但是，这样的代价换得了什么呢？就一个三千元的红包外加每月涨一千元？

我就是没有出息！反正给我发红包给我涨工资，我就会很高兴！

你还真像那头拉磨的老驴，只要多给你把草料，你就高兴地驴蹄四扬、奋发向前！

吕勤又成功策划了一次以当地体委组织、企业赞助并以企业命名的羽毛球比赛。在她的周密策划下，事先联系了当地的几家媒体，在媒体的宣传下，这次大赛的影响力很大。

那家企业的负责人非常高兴，顺利地向吕勤所在的广告公司交纳了大额的策划费。

大家都要向吕勤学习，学习她主动工作、主动奉献的精神。

老总非常高兴，还专门开了庆功会。

10000

为了奖励吕勤，同时，也是为了鼓励大家勤奋工作，老总给吕勤发了个一万元的红包，同时，还给她的工资涨了两千元。

朱莉与吕勤是一家广告公司策划部的员工。两人同批进入公司试用，同批被公司转正。由于同龄以及同为公司新人，两人彼此感觉亲切，很快成了好朋友。虽然是好朋友，但是，她们对待工作的态度却明显不同，朱莉觉得公司目前给的工资太一般，不能够体现她的工作价值，因此，她工作不卖力，基本上是混日子。因为同一部门，工作资历相同，两人的工资一样。但是，吕勤好像有些"缺心眼"：拿着低工资还那么卖力地工作，简直是头不知道疲倦的傻驴！朱莉劝说过吕勤几次，她不但不听，居然还给朱莉讲："咱们暂时工作能力不行，就得主动地多学习，等能力提高了，工资自然就上去了！"朱莉反驳道："你这是啥逻辑？别的不说，就说去菜市场买菜，出什么样的价格就能买什么价位的蔬菜。其实，人作为劳动者在职场上也是商品，老板出多少钱，员工就付多少劳动，不出够价格，对不起，那我宁愿闲着也不会多干活的……"

两人谁也说服不了谁，于是就以各自的职场价值观行事。

吕勤加班加点地折腾了一个月，熬夜熬成了熊猫眼，终于给一家客户单位成功策划了一次宣传活动。这次宣传活动是为了配合客户单位一款新产品上市的。活动很是成功，客户单位很爽快地把剩余的策划费交了。公司收到钱后，老总也很爽快，不但给吕勤发了个三千元的红包，还给吕勤每月涨了一千元工资。见吕勤乐得合不拢嘴，朱莉叹息道："你这人真是好糊弄啊！每天只睡六小时，这么勤奋加班，这样的自虐一直持续了一个月，但是，这样的代价换得了什么呢？就一个三千元的红包外加每月涨一千元？"吕勤继续乐："我就是没有出息！反正给我发红包给我涨工资，我就会很高兴！"见吕勤这么没有骨气，朱莉叹息道："你还真像那头拉磨的毛驴，只要多给你把草料，你就高兴得驴蹄四扬、奋发向前！"吕勤没有辩解，她又开始兴冲冲地给自己加码投入工作中去了。

吕勤策划了一个羽毛球比赛，由一家企业赞助，比赛以该企业命名，算是以命名权的形式给该企业做广告。吕勤联系了当地的体委，请体委出面组织这次比赛。体委也想做出些成绩，于是就爽快地答应了。

吕勤策划，当地体委组织，那家企业赞助的羽毛球比赛取得圆满成功。由于吕勤策划周密，事先联系了当地的几家媒体，在媒体的宣传下，这次大赛的影响力很大，因此那家企业的负责人非常高兴，顺利地向吕勤所在的广告公司交纳了大额的策划费。

收到策划费，老总非常高兴，居然还专门开了场庆功会，在会上号召大家都向吕勤学习，学习她主动工作、主动奉献的精神，为了奖励吕勤，同时，也是为了鼓励大家勤奋工作，老总给吕勤发了个一万元的红包，同时，还给她的工资涨了两千元。

——出自宁国涛，《让能力走在工资的前面》，载《幸福》，2019（16）。

人生不是百米竞赛，而是漫长的马拉松，只有坚持奔跑，才会最终赢得胜利。只有勤奋工作，不断把自己的才能挖掘出来的员工才能不断升值。让我们沉住气，耐住寂寞，既有心中大格局，又能俯身做小事，一步步培养出把事情做到极致的能力，我们终将成为职场闪亮的星星。

职场加油站 >>

⏩ 一、职场精英的含义

"精英"指出类拔萃的人。职场精英在能力见识、素养等诸多方面超过大多数人，是职场上的佼佼者，是很多职场人内心都会期许成为的一类人。对于企业来说，职场精英是高潜力、高绩效的员工，是"80/20"原则中的那 20%，是企业最希望保留的人才。就职场精英自身来说，"又红又专"是硬指标。"又红又专"就是既具有被优秀企业普遍认同的职业道德水准，又具备过硬的岗位专业能力。

⏩ 二、职场精英的特质

职场精英与普通人才的关键区别在于，他们不仅符合人才的硬指标，而且具备表现突出的软实力。这些指标和实力构成了职场精英区别于普通的重要特质。

第一，使命意识。一个人会成功，首先是他的目标明确，其次是他的使命感非常强。医生的使命是治病救人，老师的使命是教书育人。当一个人有了明确的目标，有了对国家、社会强烈的使命意识，那么他的行动就会变得积极向上，勇往直前。

第二，勇于尝试。如果过度遵从而尝试不足，上司说什么就做什么，推一下动一下，工作主动性不强，显然不容易有上乘的表现。而职场精英一定是在做好遵从的同时，善于主动探索、主动作为的人。

第三，热爱学习。"机遇是留给有准备的人。"而"有准备"就是要保持一种空杯的心态，不断地学习。不学习，在知识、技能、心态上都不能与时俱进。一个善于学习、勤于学习的人，一定能收获比他人更多的知识，取得更大的进步，获得更大的发展。

第四，智勇双全。职场是一个复杂的社会，对于一个人的智慧和勇气无疑都是极大的挑战。一个职场精英，一定是身经百战而不轻言放弃的人，解决棘手问题有智慧、有创新。

第五，积极融入。新的时代不是一个人单打独斗出成效的时代，沟通与协作、团结与互助、带领团队去赢取胜利是职场精英立身处世的重要根本。

第六，担当尽责。面对困难和危机，职场精英能立场坚定，勇于承担起自己的职责、践行自己的承诺。

第七，善于规划。对自己有一个清晰的认识，明白自己的角色，知道自己的方向，有到达目标的正确路径，为了目标充分准备和理性的规划能够使其在职场中辨明方向。

第八，敢于挑战。有人说，消极的人视困境为挫败，四处逃避；积极的人视困境为挑战，勇于面对。职场精英往往是那些设定目标且敢于挑战的人，正是在一次次挑战中，提升了能力、取得了成功。

当然，精英人才的突出特征也可以概括为精业、尚德和创新。精业，即精于职业，就是深厚的专业功底、超强的专业能力。尚德，在当代中国就要践行社会主义核心价值观，有优秀的德行修养。创新，指强烈的创新意识，善于发现问题、解决问题，是行业发展的引领者。

◆ 三、职场精英的成长路径

职场精英的成长，是一个循序渐进的过程，只有在每一步完成好自己的进阶，才有可能通往精英的顶峰，需要经历哪些阶段，每一阶段应该完成实现哪些目标？

第一阶段：入职初期。重点：站稳脚跟，建立良好的人际关系。关键：态度积极，从小事做起，信守承诺，注重团队协作。避免：自视过高，目中无人，指手画脚。专家建议：踏实工作，多与同事交流，努力创新。

第二阶段：入职三年左右。重点：磨炼能力，做好职业生涯规划。关键：表现及提升自己，保持学习的心态，边学习边表现。避免：杜绝"终于等到了这个表现机会"的心态，注意平衡自我。专家建议：抓住时机，静下心来打基础；多思考，理性规划；避开过于关注收入高低的误区，避开"兴趣至上"的误区。

第三阶段：入职五年以后。重点：优势聚焦，逐步形成个人核心竞争力。关键：能力日趋成熟，需要进行聚焦，形成核心竞争力。避免："杂"而不精，贪图高薪、高职等，忽略了职业生涯能力的培养和提升。专家建议：找出精准的职业定位，展示优秀的综合能力，发挥超强的执行能力。

职场活动亭 »

看一看

经过初入职的角色转换，经过一些年的职场经验积累，或许我们已基本在职场中站稳脚跟，已在岗位上小有成绩，是否会觉得职场已缺少一些新鲜感，已无更好的方向、更大的空间去发展呢？请去"职场启迪堂"看看朱莉与吕勤的故事。

1. 故事给你带来哪些启示？

2. 你更想成为朱莉这样的员工还是吕勤这样的员工呢？

职场的成长之路没有最好，只有更好，成为职场佼佼者，向着职场精英之路不懈追寻应该成为我们每个职业人的职场理想。

议一议

1. 以小组为单位进行交流讨论：在你心中，什么样的人才算得上是职场的精英？每一位普通员工是否可以成为职场精英？要成为职场精英应该训练自己哪些方面的素质？

2. 将小组讨论结果在全班交流展示。

读一读

我们究竟能不能成为职场精英？怎么做才有可能成为职场精英？

1. 请到"职场放松屋"去了解青年技术工人陈亮从学徒工成为"技能大师"的故事。

2. 以小组为单位，围绕故事内容，就以下问题开展讨论：

（1）"陈亮"的故事告诉我们，普通员工是否可以成为"职场精英"？

（2）故事主人翁陈亮从学徒工成为"技能大师"的路上付出了哪些具体的行动？请用材料中相关的语段进行描述，说说陈亮的哪些行动对你有触动？

（3）对照"职场加油站"中"职场精英的特质"，说说陈亮这些行动的背后反映了他哪些方面的特质？

每一个人都可以成为职场精英，但都必须按照一定的路径进行艰苦奋斗与不懈努力，培养出自己区别于他人的工作素质和能力，创造出巨大的社会价值，才算得上名副其实的职场精英。

做一做

在每一个阶段，我们具体应该怎么做才能发展自己，让自己朝着职场精英的方向不断迈进呢？请到"职场加油站"去学习职场精英的成长路径，并结合本节所了解的陈亮的奋斗历程及自己的现实状态，试着去完成"职场通关廊"任务吧！

辩一辩

职场精英的卓越表现与非凡成绩，让有的同学热血沸腾，当然也有的同学不为所动，认为职场精英不是自己所能实现的目标。那么，我们究竟应不应该把成为"职场精英"作为自己前行的目标与奋斗的方向呢？

拿破仑曾说："不想当将军的兵士不是好兵士。"这句话运用于职场，我们可以把它转换为"不想成为职场精英的员工不是好员工"，请全班同学围绕此话题，分为正反两方发表自己的观点。

写一写

如果你想成为职场精英？你是希望自己能成为哪方面的精英，能为社会做出哪些方面的突出贡献呢？请把你的梦想写在"职场心愿树"并交流分享吧！

成功从无定式，卓越并非遥不可及。不论我们最终是否能成为职场精英，将它定为行动的旗帜、前进的方向，从平凡起步，坚持做好自我管理与规划，在职业生涯的路上持续精进，不断提升执行力，不断创造更高的职场价值，把每一件平凡的事做到不平凡，我们终将得到更好的成长。或许未来的某一天，我们已在不知不觉中完成从平凡到卓越的完美蜕变，创造出不一样的奇迹与辉煌！

职场放松屋 》

·› 学徒工成为 "技能大师"

一微米有多细？大约是一粒尘埃的颗粒直径、一根头发丝直径的1/60。

一微米有多重要？在过去，我们连生产一枚小小的易拉环，都要被国外垄断技术"卡脖子"。

技术工人陈亮的拿手绝活，就是把模具精度控制在微米之间。站在"一微米的舞台"上，他与团队获得发明专利和实用新型专利22项，他说："能够为我国制造业高质量发展做贡献，是我们产业工人的无上荣光！"

再仔细一点点，离一微米的精度就能更近一点点。

1984年出生的陈亮来自江苏宿迁农村，从江苏信息职业技术学院毕业后，进入无锡微研公司成为一名学徒工。他最初的梦想就是走出农村、留在苏南，通过努力奋斗改变自己的命运。

刚开始，为了熟悉各种工序，他将车、铣、刨、磨、线切割都干了个遍，最后选择了铣加工车间。这是模具加工中第一道也是最复杂的工序，工作中铁屑飞溅，烫到手是家常便饭。

这样黑、粗、重的工作，小伙一干就是五年，不仅用心琢磨各种设备的特性，还主动加班跟师傅学技术，晚上挑灯夜读把外数控铣加工的书啃了个透。公司就在风景秀丽的太湖边上，地理位置绝佳、交通十分便利，但陈亮去玩的次数却不多。有一次假期公司组织去旅游，他却一个人留下，趁大家都不在，把机器都开起来独自练习。工作之余，为了学习数控技术，他又如饥似渴地学习起编程……

一个铣工，一般学徒正常三年出师，他一年半就出师了。

在公司，粗加工车间在长廊这一头，精加工车间在长廊那一头。很多时候站在精加工车间的窗口往里看，陈亮心里痒痒的：如果能来这边加工，该多好呀！他告诉自己："这短短300米的走廊，如果努力了就是一步之遥，如果不努力就是不可逾越的鸿沟。"

机遇总是留给有准备的人。在干粗加工的第五年，公司接到电视机定位销订单，精度要求控制在2微米。此前，国内企业多使用传统刀具加工，精度一般只能达到4微米，无法达到产品精度要求。公司成立攻关团队时，勤学苦练的陈亮被调到加工中心班组试用。

他一边留心观察师傅们的做法，一边查阅资料模拟编程。刀具和精密砂轮的特点，他早就烂熟于心，通过"移植工序"，将其组合起来可实现铣和磨的双重功能，精度就能提高了。

设想是有了，但问题也来了。这个砂轮怎样装到加工中心机床上去？装上去后，如何解决几万转砂轮高速旋转动平衡的问题？国内外没有经验可循，需要先类比加工，认真观察，不断总结，摸索找到测量的最佳方法，保证高精度。

在艰难的研发过程中，他用绳子把试验破损的一块奖牌大小的砂轮挂在脖子上，让它一次次提醒自己："失败时，这是鞭策我的警钟；成功了，这便是一块无名的奖牌。"陈亮给自己制定了一条工作准则：再仔细一点点，离一微米的精度就能更近一点点！在不断尝试中，精度终于提高到了一微米。

连续突破技术壁垒，"中国人完全可以做得更好！"

成为"一微米大师"后，陈亮才发现自己的舞台可以更大、梦想可以更远，也渐渐领悟到模具被称为"工业之母"的原因——它是工业生产的基础工艺装备，直接影响制造业水平。

然而长期以来，我国精密模具制造受制于人。就拿小小的易拉环来说，太松容易断裂，太紧又不便打开，其秘诀就在于预理的线痕，既不能太深，也不能太浅。这对核心件的精度要求极高。多年来，国外实行技术封锁、设备垄断，我国造不出刻线刀等关键模具，只能高价进口。

当时只有一个易拉环模具样品，没有图纸，也不知道加工工艺。陈亮利用国外深造的机会查找资料、反复研究产品。刻线刀的刃口很小，肉眼无法看清，等拿去检测时，发现各种瑕疵却不知道问题出在哪里。陈亮在进行技术革新的同时，将高倍显微镜安在机床上，对生产过程进行检测和监控，成功加工出高精度、高品质的刻线刀。

与国外先进技术相比，国产的易拉环凹凸模毫不逊色，刻线刀价格却只有进口的1/3。"中国人完全可以做得更好！"这次突破让他更加坚定了信心。

2014 年，清华大学慕名而来开展校企合作，共同承接国家 863 重点课题。原来，该校承担的高端柴油机高精密微喷孔加工装备项目，是突破"卡脖子"技术的国家重大自主创新项目。在实验室研发成功并申报专利后，却由于产品性能不稳定而迟迟无法开展产业化生产。

研发团队展开排查，很快确定问题出在喷油嘴倒锥孔机床主轴机构关键部件的加工精度上。核心件是高精度薄壁类，只有十几张纸那么厚，极易变形，但精度却要求1~3微米，这一挑战前所未有。

"更高的精度不仅能让喷出的油更加精准、产品性能更加稳定，而且可以使得雾化均匀、燃烧充分，从而达到节能环保目的。"陈亮介绍，在加工过程中，他们严格控制了周围环境与实验条件，将薄壁件从径向受力改为垂直受力，从而减少了微变形。

不到半年，团队就实现了设备关键主轴的工艺革新，为国内首台具有自主知识产权的高精密微喷孔加工装备替代进口奠定了基础。该设备获 2016 年"中国机械工业科学技术奖"一等奖，目前累计产值已突破亿元。作为技术延伸，眼下公司又和清华大学联手，研制用于国产大飞机发动机叶片气膜孔的高端电加工设备。

"在这个大时代，技术工人应有大作为！"

在研发成功时，清华大学一位参与研发的老教授，紧紧握着陈亮的手说："陈大师，这些年来国家对产业工人越来越重视，我体会更深了。没有你们，许多理想和设计只能停留在纸面上、实验室里，而难以转化为产品，造福国家和百姓。"

一声"陈大师"，听得陈亮眼中涌出了泪花："科技创新、技术报国，并不只是科学家的事情。我们一线产业工人如果能立足岗位，做到精益求精、淬炼绝活，也能帮助工程师研发出高精尖的核心零部件，从而实现报国梦想。"

在陈亮看来，技术出众只能称为"工"，技术"传帮带"才能称为"匠"。只有把技术传授给年轻人，把经验分享给团队，才能最大限度地激发创新活力，才是工匠精神。

"现在的年轻工人大多熟练电脑、善用软件，对技术学习的接受能力很强。他们更需要加强的是坚持和恒心，提高对工作的主动性，练就一番真功夫。"陈亮在工作中倾注了不少心血培养"90 后""00 后"成为优秀产业工人，以此来不断壮大产业发展最急需、最核心的技能人才队伍，推动制造业更好更快发展。

从 2005 年开始，这位年轻的"老师傅"已经培养了 30 多名优秀技能拔尖人才和青年后备人才；近年来，团队获得发明专利和实用新型专利 22 项，荣获省部级科技奖项 4 项。

在企业中，他积极开展师徒结对，投身参与"技能状元大赛"培养新人；他的工作室经常举办工匠精神进校园、进课堂、进企业系列活动，讲解加工经验、攻关难题、技能知识；母校江苏信息职业技术学院聘请他为客座教授，还邀请他参与学校智能制造教学、"工匠之家"建设。

从学徒工成长为省级技能大师，从进城务工青年到全国最美职工、全国五一劳动奖章获得者，陈亮坦言，是"时代造英雄"，技术工人的时代来了，"行行有能手，行行出状元。在这个大时代，技术工人应有大作为。"陈亮说。

——出自何聪、姚雪青，《学徒工成为"技能大师"》，载《人民日报》，2019-08-25。

任何行业和领域都会有顶尖高手，不是只有科学家、高职称的人才才可以是专家，销售、客服代表、一线员工虽然他们可能没有高学历和职称，但仍然可以是所从事的行业的专家，只要你愿意，人人都能成为自己所从事的行业的专家。

有句话说得好："即便你现在只是一个籍籍无名的 Nobody，但只要你把现在的工作做到极致，总有一天会变成有头有脸的 Somebody。"

职场通关廊 ≫

1. 比一比：对照青年技术工人陈亮的表现，想想我们日常的状态，我们做到了他的哪几点？哪些方面还没有做到？是做不到还是没想去做呢？请将你的看法填在表 3-4 中。

表 3-4　跟陈亮的对比——我的现状

做到的方面	没做到的方面	能做到还是不能做到

2. 想一想：如果给自己制定一个成为职场精英的奋斗目标，你觉得应该从哪些具体的方面去着手努力。请至少写出三个具体办法，填在表 3-5 中。

表 3-5　对标职场精英——我的步伐

我的目标	成为 ＿＿＿＿＿＿＿＿＿＿＿ 方面的专家
我将落实的行动计划 1	
我将落实的行动计划 2	
我将落实的行动计划 3	
……	

职场心·愿树 ≫

比尔·盖茨在创业初期就说："我希望有一天世界上每个人的桌上都能有一台电脑。"谷歌创始人也曾说："要把世界所有的东西都弄到手，然后让人们来这里轻松就能搜索到需要的东西。"正是因为远大的目标与超强的使命意识，让他们伟大的梦想都在今天一一实现！亲爱的同学，你是希望自己能成为哪个方面的专家，能为解决社会哪些方面的问题呢？请把你的梦想写在下面吧！

职场拾贝苑 ≫

亲爱的同学，请将你在本节课学习、活动中的收获、体会和成长记录下来吧！

收获：_____

_____

体会：_____

_____

成长：_____

_____

职场启迪堂 »

我喜欢吃花生，而且花生小，应该成熟得快，好，那就种花生吧！

小熊逗逗马上去买了一些花生种子，在自家院子里种上了。它每天给种子们浇水、除虫，细心地看护它们。没过多久，花生长出了小嫩芽，小熊逗逗得意极了。

可是有一天，正当它开心地走出家门时，突然看见了隔壁小熊壮壮家院子里的红薯叶子长得又宽又大，它想象着将来收获的大大的红薯比起小小的花生来说可就划算多了。

这么一想，小熊逗逗马上回到自家的院子里，拔掉了刚长出嫩芽的花生苗。

又跑去找小熊壮壮要了一点儿红薯种子，然后回家种上了红薯。小熊逗逗又开始每天细心地照顾这些红薯，浇水、除草，忙活了一段时间，红薯终于发芽了，小熊逗逗开心极了，想着这下可以放松一下了。

虽然红薯大，但是玉米也大，而且我更喜欢吃玉米一点，要是种上玉米那就更好了！

当它走出家门的时候，发现小熊盼盼种的玉米苗已经长得很高很高了。

于是，小熊逗逗赶紧跑回家拔掉红薯苗。

小熊逗逗又种上了玉米。它细心地照顾玉米，浇水、除草忙得不亦乐乎。

可是等玉米将要开花长苞的时候，已经过了最适宜的天气，玉米秆上没有结出一个玉米苞，空长了一片高高的玉米林。

为什么我辛苦了那么久，却什么也没有得到啊？

小熊逗逗这下傻眼了。深秋时节，它看着小熊盼盼收获了一筐又一筐的玉米，小熊壮壮收获了一篮又一篮的红薯。

时间是有限的，你一会儿种花生，一会儿种红薯，一会儿又种起了玉米，每样东西都半途而废，当然最后什么都得不到了。

小熊逗逗听了，后悔不已。

从前，森林里住着小熊盼盼、小熊壮壮和小熊逗逗三个小可爱。

小熊盼盼很喜欢吃玉米，而且玉米都是自己种的，它是一只勤劳踏实的小熊。小熊壮壮呢，它也会种些自己爱吃的东西，比如红薯或者花生，所以即使冬天到了也不用担心自己没有食物吃。

而小熊逗逗呢？它有些贪玩儿，每天忙着在森林里到处晃悠，却什么都没种，所以这个冬天它没有任何过冬的粮食。他看见小熊盼盼在树洞里吃着可口的玉米，小熊壮壮吃着香甜的花生，再看看自己身后空空的树洞，馋得直流口水，非常羡慕。

于是，等春天来的时候，小熊逗逗决定自己也要种些粮食，这样下一个冬天就不用挨饿了！种什么好呢？小熊逗逗心想：我喜欢吃花生，而且花生小，应该成熟得快，好，那就种花生吧！说干就干，小熊逗逗马上去买了一些花生种子，在自家院子里种上了。

它每天给种子们浇水、除虫，细心地看护它们。没过多久，花生长出了小嫩芽，小熊逗逗得意极了。可是有一天，正当它开心地走出家门时，突然看见了隔壁小熊壮壮家院子里的红薯叶子长得又宽又大，它想象着将来收获的大大的红薯比起小小的花生来说可就划算多了。这么一想，它马上回到自家的院子里，拔掉了刚长出嫩芽的花生苗，又跑去找小熊壮壮要了一点儿红薯种子，然后回家种上了红薯。小熊逗逗又开始每天细心地照顾这些红薯，浇水、除草，忙活了一段时间，红薯终于发芽了，小熊逗逗开心极了，想着这下可以放松一下了。

当它走出家门的时候，发现小熊盼盼种的玉米苗已经长得很高很高了，于是它又想：虽然红薯大，但是玉米也大，而且我更喜欢吃玉米一点，要是种上玉米那就更好了！于是，小熊逗逗赶紧跑回家拔掉红薯苗，又种上了玉米。它细心地照顾玉米，浇水、除草忙得不亦乐乎。可是等玉米将要开花长苞的时候，已经过了最适宜的天气，玉米秆上没有结出一个玉米苞，空长了一片高高的玉米林。

小熊逗逗这下傻眼了。深秋时节，它看着小熊盼盼收获了一筐又一筐的玉米，小熊壮壮收获了一篮又一篮的红薯，伤心地说："为什么我辛苦了那么久，却什么也没有得到啊？"

小熊盼盼和小熊壮壮笑着对他说："时间是有限的，你一会儿种花生，一会儿种红薯，一会儿又种起了玉米，每样东西都半途而废，当然最后什么都得不到了。"

小熊逗逗听了，后悔不已。

——改编自郭奇，《半途而废的小老鼠》，乌鲁木齐，新疆青少年出版社。

小熊种植每种作物都半途而废，最后什么都没有得到。如果在职场中，我们频繁地更换职业也不是明智的选择。让我们学着理性分析，再结合实际对自己的职业未来进行合理地决策吧。

职场加油站

▶ 一、跳槽

跳槽在《现代汉语词典（第7版）》的释义是："牲口离开所在的槽头到别的槽头去吃食。比喻人离开原来的职业或单位到别的单位或改变职业。"

▶ 二、跳槽的常见原因

人们为什么要离开熟悉的工作选择跳槽呢，其中的原因应该是多种多样的，概括起来主要有以下方面，如图3-1所示。

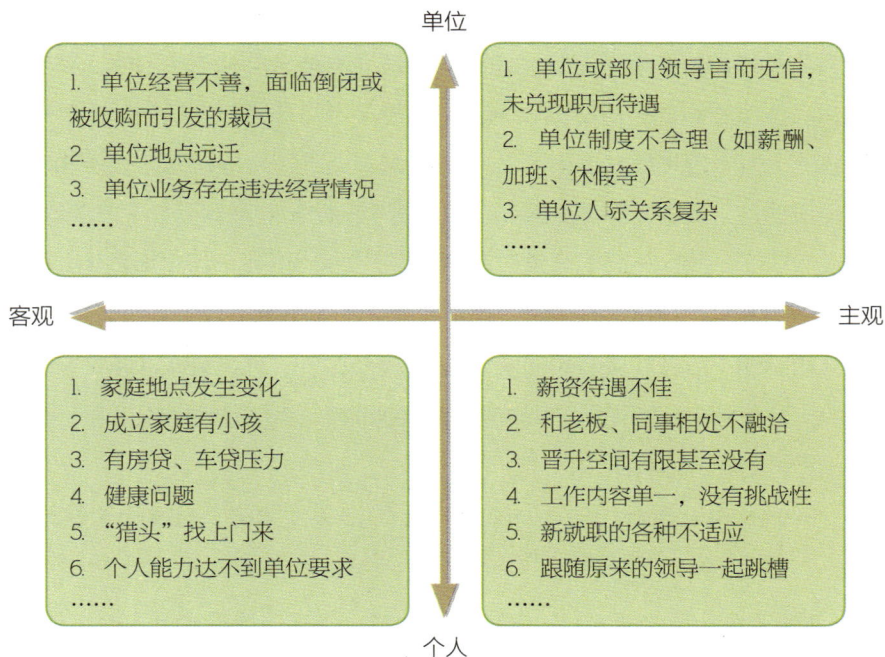

图 3-1 跳槽的常见原因

三、跳槽可能带来的利弊分析

表 3-6   跳槽可能带来的利弊分析

方面	利	弊
物质层面	可能获得理想的薪资与更好的职业环境。大部分人的跳槽是奔着有更高的薪酬、更好的工作环境而做出的决定。当然，一般的人会基于有 10%~15% 的薪酬涨幅而选择跳槽，但如果因为我们个人能力突出而跳槽，薪酬涨幅也可能会高得多	如果不是因为自身能力突出而是因为对工作的不喜欢、不适应等轻易跳槽，可能让自己的薪酬一直处于一个低端状态，而且过于丰富的工作经历可能难以获得用人单位的信任，最终走到不易获得工作的境地
精神层面	可能实现更大的人生价值、社会价值。工作是大多数人获得生活保障的主要途径。在保证生活基本所需的情况下，部分人的跳槽也可能因为社会所需、家庭所需、个人兴趣所致等方面的原因，跳槽可能使这部分人更好地实现其社会价值、实现更大的人生意义或者更好地发挥个人的兴趣爱好和特长	如果长期工作起色不大，薪酬涨幅不大，容易对工作失去热情、失去动力，经常陷入消极负面情绪之中。同时单位、同事、家人、朋友也很难对我们产生信任感、安全感
职业层面	可能促进个人综合素质与职业能力的不断成长与发展。每个工作岗位、平台都会为个人的成长增加砝码。但在同一家单位工作时间长了，工作和学习就容易形成一种固定模式，产生瓶颈，阻碍个人持续发展与突破。换另一家单位、换一份工作，不同的环境和不同的平台可能带来自身看问题的视角、思维及行为方式等的改变，可能学到更多的知识和技能，也可能获得更好的发展平台，实现自我的不断成长和完善	可能让事业发展缺乏连续性，导致自我成长的停滞与倒退。频繁跳槽会造成我们工作经验和积攒下的资源的搁置，让我们无法养成安心把本职工作做好的心态

⏵ 四、跳槽利弊分析法

面临跳槽时，可以利用 SWOT 分析法对新单位的优势、劣势、机会和威胁进行全面的评估，如果新单位的优势明显大于劣势，而且提供的机会也是你职业规划所需要的，未来遇到的挑战也不会难倒你的话，这种情况下，跳槽才是有价值的跳槽。通过分析，确保新的岗位能更好实现自身职业价值，新的平台能为实现自身职业价值提供更有效保障。

🏀 职场活动亭 ➤➤

⏵ 说一说

经过一定时间的职场的工作，或许有一天，我们已经拥有了较强的工作能力，目前的工作可能已经不太能施展我们的才华与能力，或者无论我们如何做都觉得对目前这份工作不能提起非常高的兴趣，又或者总感到目前的工作工资有些低……

那么，如果我们正在从事的这份工作年收入为 7 万元，现在有一份年薪 10 万元的工作你可以去，请问：你会去还是不去呢？为什么？

⏵ 看一看

如果我们最终决定离开原来的工作，选择去了薪酬更高的单位或岗位，这种离开原来的工作去选择另外的工作就是跳槽。根据统计，职校生初次就业率近几年不低于 98%，然而他们中的大多数人在两三年内以不同的原因离岗，最终能够留下来安心工作的人不超过两成，最终能留下来成为企业骨干力量的人更是少之又少。

社会中大部分人选择跳槽的原因究竟有哪些呢？

1. 请扫描二维码观看《我要跳槽》的视频，梳理视频中说到的原因有哪些？（跳槽的原因是多种多样的，"职场加油站"中有详细的描述）

我要跳槽

2. 分析：对于职校生而言，这些原因中，哪些原因我们可以选择，哪些原因我们应该慎重考虑?

⋮⋮ 议一议

跳槽带给我们的是不是就一定都是好处呢?

1. 分小组阅读下面三个案例，分析案例中主人公跳槽带给他（她）哪些方面的新情况，从"利"与"弊"两个方面进行归纳和总结，并填写到表 3-7 中。

2. 每个小组选择一个案例进行分析并向全班展示。

案例一：小王在一家物业管理公司工作，从一线物业服务人员，逐渐升职为物业主管。工作三年间，她兢兢业业，想领导之所想，哪怕深夜加班，也从无怨言，总是提前并出色完成工作。但是有一天，她的领导告诉她，整个部门会被解散，原因是公司为了节约成本，将本业务外包给其他公司。公司给出了两个选择：一是公司愿意赔偿她四个月薪资，并开离职证明；二是调派到另一个职位及待遇都低一级别的岗位。最终小王选择离职，去另外一家公司任职，薪水还比原来高了。

案例二：小杨是一名计算机专业大专毕业生，毕业后在一家合资企业从事技术型工作，工作中表现俱佳，但是加班时间非常多，家人经常抱怨。经过慎重思考，小杨决定进修学习，考取本科。后来，小王进入了一所职业高中任教，虽然工资待遇较之前低，但离家近了，家庭也更和睦了。

案例三：小夏是 2008 届毕业生，毕业后在一家服装公司单位做销售。他曾听人说，对刚毕业的大学生来说，第一份工作往往都只是一个跳板，不可能做长久的。他觉得很有道理，刚毕业不应该"把自己定位太死"，应该多尝试。

上班没多久，他就觉得销售难做，于是赶紧跳槽找了一份网管的工作，但没多久，他又觉得在网吧上班说出去不好听，所以又换了。半年内他换了四份工作，现在又失业了。

表 3-7　任务表

案例	跳槽可能带来的利	跳槽可能带来的弊
案例一（小王）		
案例二（小杨）		
案例三（小夏）		

（跳槽可能带给我们的利和弊在"职场加油站"中进行了概括和总结。请去了解一下吧。）

析一析

即使当我们有了充足的跳槽理由，在跳槽的机会来临的时候我们也要认真分析新的单位、新的岗位可能带给我们的利与弊。如果利大于弊，我们就可以放心去接受新工作；如果利小于弊或者利等于弊，那么我们在做出是否跳槽的决定时就需要谨慎了。如何分析利弊之间的关系？

第一单元专题二"职场加油站"介绍了"SWOT分析法"，运用这种方法对新单位、新岗位可能带来的优势、劣势、机会和威胁四个方面进行全面的评估。

连一连

1. 如果根据各方面的分析，我们最终决定跳槽，那我们应该如何做好现在单位的善后工作呢？如果最终决定继续留下来，我们又应该以什么样的态度来对待现在的工作呢？请到"职场通关廊"去完成连线任务吧。

2. 介绍连线结果及原因并分享感受。

职场本应该向着一个工作平台越来越大、工作薪酬越来越高、工作前景越来越好的方向发展，但这一切都依赖于我们自身工作能力的越来越强，综合素质的越来越高。如果我们真正有了较强实力，当机会来临的时候，经过理性的分析与判断，如果行，伙伴们就勇敢地跳吧！只是记得务必要做好一切善后，把自己的工作做到有始有终，尽善尽美。通过自身的不懈努力，尽早实现自己在职场的美好前程。

职场放松屋 ≫

→ 打破人生限定，或许能看到更多可能

一个朋友辞职了，"人设"崩塌式的辞职：从做互联网产品转行做了音乐培训。

学市场营销的他两年前来到北京，在一家创业公司做产品，做得不错，工资不菲。但他的"人设"，也就是他在大家的印象中，似乎只会做产品。

他递交辞职信的时候很"戏剧"，领导问他下一份工作准备去哪儿，他说，自己办了个音乐培训学校，准备教学生弹吉他。

领导的下巴差点没脱臼，说："你想明白了吗？这跨界跨得……"

他说："想清楚了。"

这回领导没说话，签了字。他看到领导的眼神里透着一句话：你会音乐吗？靠谱不靠谱啊！

有疑惑无可厚非，只是领导不知道的是，他从来北京的第一天起就开始自学吉他。每天下班回到家，就自己在房间里打开视频，跟着电脑学，一学就坚持了两年多。

这两年里，他组过乐队，还参加过比赛，从弹奏一首简单的乐曲，到能弹奏复杂的歌谣。直到他发现自己很爱音乐并且可以通过音乐谋生，于是跟几位做教育培训的老师合作，招了第一期的班，他用业余时间去授课。第一批学生很喜欢他，还给他介绍了不少生源。

就这样，他们开了第二期、第三期，直到他发现自己没有上班的时间了，他决定辞职。

公司的同事说他是个天才，什么都会。而他知道，这世上没有毫无准备的横空出世，只有背水一战的努力和持之以恒的坚持。

他给我讲这个故事时，我正在他的班上学习，我明显看到了他那种自豪感——那种

突破了生活枷锁后的自豪感，那种打破"人设"后的自豪感，那种逆风不惧的自豪感。

他说："谁规定我不能突破自己，看到生命的更多可能呢？"

——出自人民日报公众号夜读栏目"打破人生限定，或许能看到更多可能"。

职场通关廊 »

如果经过慎重的考虑与分析，我们最终做出了"跳槽"或"不跳槽"的决定，那么在做出决定之后，我们应该做好哪些事项呢？请把你认为正确的选项与决定内容进行连线吧！

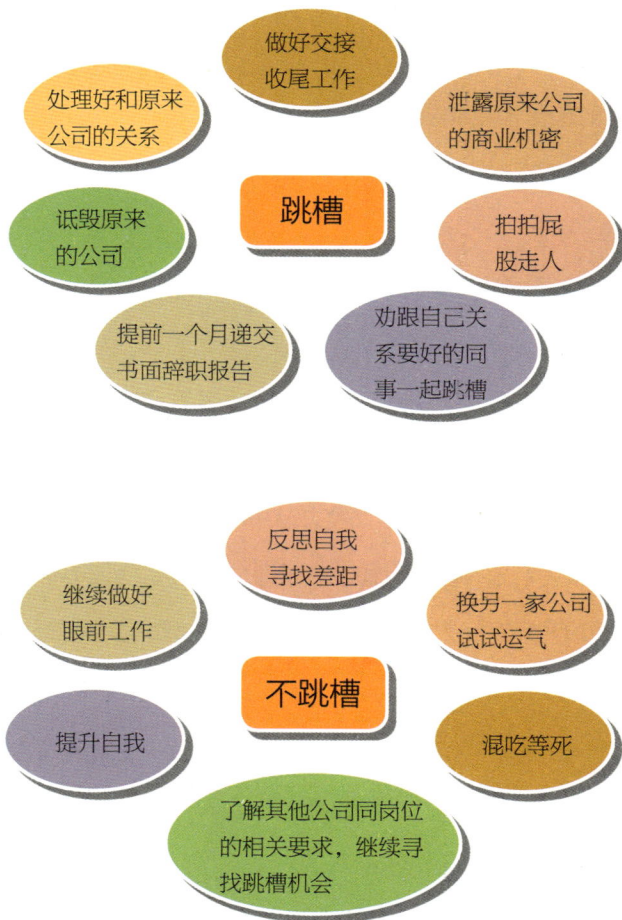

处理好和原来公司的关系

做好交接收尾工作

泄露原来公司的商业机密

诋毁原来的公司

跳槽

拍拍屁股走人

提前一个月递交书面辞职报告

劝跟自己关系要好的同事一起跳槽

反思自我寻找差距

继续做好眼前工作

换另一家公司试试运气

提升自我

不跳槽

混吃等死

了解其他公司同岗位的相关要求，继续寻找跳槽机会

职场心·愿树 ≫

如果将来你也走到跳槽的边缘，你希望跳槽带给你哪些方面的好处呢？请把你的想法写在下面吧！

职场拾贝苑 ≫

亲爱的同学，请将你在本节课学习、活动中的收获、体会和成长记录下来吧！

收获：_____

_____

体会：_____

_____

成长：_____

_____

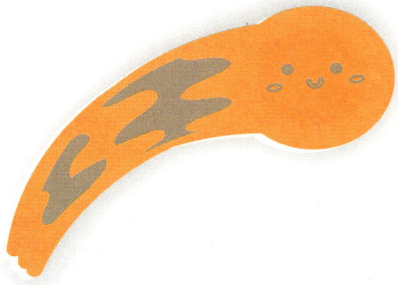

第四单元 >> 创业要点

职场启迪堂 »

郭春香，今年 25 岁。九年级那年，因为父亲出了车祸，家庭经济没了着落，郭春香选择了退学。2008 年，她来到深圳，在一家珠宝公司找了份文员的工作。

一位女同事拉着她去做心理咨询……

像这样的心理咨询都要预约，而且拖的时间久，费用又高。

这赶到门诊，排队两小时，只面谈了半小时，就收费 700 元。

我也可以开一个让人们可以放松心灵、愉悦心情的场所，或许是比较有意义且收入也应该比较好的事情。

接下来的一周，郭春香利用休息时间做了大量的市场考察。

郭春香后来相中了一家正在转租的饭店。这个地方，距离市中心不远，人潮密集，正好合适。

影视格

消遣格

微笑吧

倾诉格

郭春香聘请了人员到处发传单，还招聘了三名有心理咨询经验的人来工作。

很快，就有老板找上门来，希望能在"微笑吧"聚会。捕捉到商机的郭春香将旁边即将到期的店铺也买了下来，这样，就能达到一次接待 50 人次的规模。

为了更好地服务顾客，郭春香为每位顾客建立档案，及时追踪，每个季度都对顾客的信息仔细进行整理，总结经验，以提高服务。她还选择在元旦、除夕、端午等中国传统节日时，给顾客送去温暖的祝福。这些温馨的举措给郭香春带来了大批忠实的顾客。

心声墙

让每位前来"微笑吧"的顾客都可以在"心声墙"上书写自己的感受。

你的"微笑吧"创意的确不错，我每个周末都要来坐坐，但是我总觉得少了些什么，不太完美。

顾客的话让郭香春茅塞顿开，如果能提升"微笑吧"的品位和档次，那不是更能让顾客把这里当成他们的第二个家吗？她马上订购了一套音响设备，又与花卉租赁公司签下合同，让他们每天送鲜花，摆在大门和每个座位上。

随着不断努力，"微笑吧"每天都在演绎精彩，每天都在快乐地成长。如今，"微笑吧"已经在深圳开了第二家分店，职员达到了 12 名。

时尚创业达人

郭春香今年 25 岁，湖南桑植县人。九年级那年，因为父亲出了车祸，家庭经济没了着落，郭春香选择了退学。

2008 年 9 月，郭春香来到深圳，在一家珠宝公司找了份文员的工作。

2008 年 II 月，一位女同事拉着她去做心理咨询，赶到门诊，排了两小时队，只面谈了半小时，就收费 700 元。同事告诉她，像这样的心理咨询都要预约，而且拖的时间久，费用又高。

回去的路上，郭春香边走边琢磨这事，心里打算着开个让人们可以放松心灵、愉悦心情的场所，或许是比较有意义且收入也应该比较好的事情。接下来的一周，郭春香利用休息时间做了大量的市场考察。

后来她相中了一家正在转租的饭店。这个地方，距离市中心不远，人潮密集，正好合适。经过一番讨价还价，郭春香最终以每月 2800 元的价钱租下了那家饭店，为了节省费用，郭春香干脆辞职，自己搞起了装修。她将上下两层楼，分成了三格，办起了"微笑吧"。下面分为"倾诉格""消遣格"，倾诉格有专门的工作人员与之交流，消遣格则可以点上自己喜欢的饮料或点心，彻底放松心灵。楼上为"影视格"，影视格里配备了一台电视，以及一些心理健康专家的专题片。

为了开张后的生意能够一炮打响，郭春香聘请了人员到处发传单，并打出了一个响亮的宣传词——"放松心灵请到微笑吧"。她还招聘了三名有心理咨询经验的人来工作，这一招果然有效，吸引了不少都市白领，在这些人离开时，都对郭春香的"微笑吧"赞不绝口。

很快，就有老板找上门来，希望能在"微笑吧"聚会。聪明的郭春香立即捕捉到了其中的商机，她将旁边即将到期的店铺也买了下来，简单装修后，再配上温暖、活泼、明快的黄色，这样一来，"微笑吧"能达到一次接待 50 人次的规模。另外，为更好地服务顾客，郭春香为每位顾客建立档案，及时追踪，每个季度都对顾客的信息进行仔细整理，总结经验，以提高服务。她还选择在元旦、除夕、端午等中国传统节日时，给顾客送去温暖的祝福，一个邮件、一条短信或者一个电话。这些温馨的举措给郭春香带来了大批忠实的顾客。郭春香还把一面的墙做成了"心声墙"，让每位前来"微笑吧"的顾客都可以在"心声墙"上书写自己的感受。

后来，一位顾客找到郭春香说："你的'微笑吧'创意的确不错，我每个周末都要来坐坐，但是我总觉得少了些什么，不太完美。"顾客的话让郭春香顿时茅塞顿开。现在都市人的压力这么大，大家来"微笑吧"的目的就是想让心灵放个假。而且根据顾客档案来看，来这里的大都是回头客，对他们来说已经成为一种持久的消费。如果能提升"微笑吧"的品位和档次，那不是更能让顾客把这里当成他们的第二个家吗？

郭春香是一个想到做到的人，她马上去电器商场订购了一套音响设备，又与花卉租赁公司签下合同，让他们每天都送来紫罗兰、百合、茉莉花等十多种赏心悦目的鲜花，摆在大门和每个桌位上。

随着不断努力，"微笑吧"每天都在演绎精彩，每天都在快乐地成长。如今，"微笑吧"已经在深圳开了第二家分店，职员达到了12名，郭春香也从一个曾为生计奔波劳累的蓝领变成了让人羡慕的"时尚创业达人"。

——出自王国军著，《每一滴水都有它流淌的方向》，南昌，江西教育出版社，2015。

没有做不到，只有想不到。在这个世界上，谁不微笑？可是谁像郭春香那么富有想象力，把微笑也包装成产业？不得不说，一个人的成功，可能与其本身的学历、身份无关，关键在于怎么去创造、去拼搏！

▌职场加油站 ➤➤

✦ 一、创业的含义

在中国传统文化当中，"创业"一词与"守成"相对应。《辞海》对创业的定义为"创立基业"。它强调开端和草创的艰辛和困难，突出开拓和创新意义，侧重于有新的成就和贡献。一般来讲，创业是指某个人发现某种信息、资源、机会或掌握某种技术，利用或借用相应的平台或载体，将其发现的信息、资源、机会或掌握的技术，以一定的方式，转化、创造成更多的财富和价值，并实现某种追求或目标的过程。

中职学生创业主要是指狭义的创业，以自主创业为主。自主创业又称独立创业，是指创业者个人或者创业团队白手起家进行的创业。

◆ 二、中职学生创业的意义

创业是就业的延伸和扩展，是对人们谋求就业提出的新观念和新要求。早在 2014 年 9 月夏季达沃斯论坛上，李克强就公开发出"大众创业、万众创新"的号召，随着我国社会主义市场经济体制的不断完善，国家为越来越多的创业者提供了便利条件，已有越来越多的青年人把创业作为人生奋斗的目标。对中职学生而言，创业又有哪些特殊的意义呢？

第一，将自己的兴趣和梦想结合在一起。通过自主创业，做符合自己性格、兴趣爱好的事情，从中寻找出成功的道路，从而实现自己的梦想。

第二，为自己创造提升自我的机会。在创业过程中，可以将自己所学的知识运用到实践中；创业过程中面对的困难和挫折可以培养自己顽强的意志和拼搏的精神；也可以在创业中积累经验，发现自己的不足。

第三，自主创业能缓解国家就业的压力。当前，社会就业供求总量矛盾突出，我国的就业形势还是比较严峻的。中职学生自主创业，不仅可以解决自身的就业问题，而且能够缓解国家的就业压力。

第四，顺应时代召唤，实现人生价值的最大化。积极响应"大众创业、万众创新"的时代召唤，不仅可以创造更多社会财富，还可以带动更多人就业，改变更多人的命运，为国家和社会做出更大贡献。

虽然创业可以推动科技的进步及社会生产力的发展，但是并不是说中职学生毕业后人人都要创业，必须创业，只是创业知识的积累，可以帮助我们更好地就业，同时为未来可能有的职业转化奠定基础。

三、创业者的能力素质

创业者是一种主导劳动方式的领导人，是一种需要具有使命感、荣誉感、责任感的人，是一种组织、运用服务、技术的人，是一种具有思考、推理、判断能力的人，是一种能使人追随并在追随的过程中获得利益的人，是一种具有完全权利能力和行为能力的人。创业者需要在以下方面具有较强的能力与素质。

一是目标能力，为了做好某件事而创业。二是专业能力，熟悉相关领域的专业知识。三是营销能力，能推销自己和自己的新产品。四是转化能力，有把技术和知识转化为产品、把专业才能转化为综合能力、把专业才能转化为领导才能的能力。五是用人能力，能团结人，会管理人。六是社交能力，有与相关部门、行业、人员正确相处与友好相处的能力。七是把控能力，能把控企业的发展方向、进程。八是革新能力，革新是企业生存发展的基石，每一个创业者都要有敏锐的市场洞察力和不断追求创新与变革的意识。

四、创业者的创新思维训练方法

创业者除了要加强能力的培养，还要注重创新思维的训练，这样才能确保新思想、新观念、新产品的不断问世。

（一）发散思维

发散思维是指大脑在思维时呈现出一种扩散状态的思维模式。发散性思维是创新思维的核心，其过程是从某一点出发，任意发散，既无一定方向，也无一定范围。发散性思维能够帮助创业者提出众多的可供选择的方案、办法及建议，能帮助创业者提出一些独出心裁、出乎意料的见解，使一些看似无法解决的问题迎刃而解。比如，在做服装类产品的销售对象定位时，我们需要从性别、年龄、性格、地域、文化、民族等方面进行多方面、多层次的考虑，最后再根据自身的实际情况确定出新产品的销售对象定位。

（二）逆向思维

如果把传统观念、常规经验、权威言论当作金科玉律，常常会阻碍我们创新思维活动的展开。因此，面对新的问题或长期解决不了的问题，不要习惯于沿着自己长久形成的、固有的思路去思考问题，而应从相反的方向去寻找解决问题的办法。比如，解答数学的几何证明题，我们常常根据要证明出的结论去寻找需要什么条件才能成立，然后去力争找出这些条件，进而得出了证明的结论，这就是逆向思维最好的例子。

（三）横向思维

横向思维是由所感知的事物、概念或现象的刺激而想到其他的与之有关的事物、概念或现象的思维过程。我们常说的"由此及彼、举一反三、触类旁通"就是这种思维的主要体现。不同事物之间可能存在着一定的联系，积极寻找事物之间的联系，主动地、有意识地去思考与他们相关的事物或问题，有利于更好地从更宽泛的层面找到解决问题的办法。比如，在对连锁店的销售效益进行分析时，我们可能就会更多地运用横向思维这种模式。

（四）组合思维

组合思维是指把多项貌似不相关的事物通过想象加以连接，从而使之变成不可分割的、新的整体的一种思维方式。我们很多人擅长的是"就事论事"，或者说看到什么就是什么，思维往往会被局限在某个片区内。组合就是按照事物内在的、必然的、本质的联系把对事物各个侧面、部分和属性的认识统一为一个整体，这样的思维，容易对事物形成宏观的、整体的观点，能够帮助人们从大局上去把握事物。曾经有一个经典的销售案例：一位男士进店买物品，店员在他想买的物品之外成功卖给他鱼钩，然后问他上哪儿钓鱼，他说海边，店员建议他买条船，带他到卖船的专柜，卖给他长约 6 米有两个发动机的纵帆船，然后继续问他开的什么车，他说他开的是大众牌汽车，店员说他的车可能拖不动这么大的船，于是带他去汽车销售区，卖给他了一辆丰田新款豪华型"巡洋舰"。关键问题是男士进店时原本的目的是买别的东西，店员说"你的周末算毁了，干吗不去钓鱼呢"，从而开始了"鱼钩—船—汽车"的销售，这就是典型地运用了"组合思维"的例子。

职场活动亭 >>

谈一谈

阅读"职场启迪堂"中的故事，回答以下问题。

1. 中职学生在毕业的时候可以创业吗？你是否还有其他的中职学生创业案例？

2. 对于你自己未来的职场之路，你考虑过哪些问题呢？你会选择创业吗？为什么？

3. 用一句话概括你从"职场启迪堂"的故事中得到的最深刻的感受吧！

议一议

创业是什么？创业者应该具备哪些能力呢？让我们再到"微笑吧"创始人郭春香的故事中去找一找吧。

请从故事中找出能体现故事主人翁具有创业能力的描述语段，并在每个语段旁边标注出体现出的能力类型，完成后请各小组对大家的批注内容进行汇总汇报。

创业者究竟应该具备哪些能力，让我们去"职场加油站"看看吧！

测一测

我们是否也具备创业者的潜质呢？让我们来完成下面的测评吧！

请针对下面10个方面的内容，根据你自己的实际情况在"A"或"B"上画"✓"。

创业者的潜质测试

1. 面对未知的难题你怎么做？　　A. 看别人怎么做　　　　B. 自己试试

2. 你更喜欢哪个头衔？　　　　　A. 大公司高管　　　　　B. 小公司老板

3. 哪种情况更容易？　　　　　　A. 遵守别人的规则　　　B. 自己制定规则

4. 哪一种情况更有安全感？　　　A. 有人可依赖　　　　　B. 独立

5. 人生更重要的是什么？　　　　A. 挫折少　　　　　　　B. 经历多

6. 你对哪一种情况更有优越感？　A. 做得比别人更好　　　B. 做别人没有做过的事情

7. 遇到问题更倾向于说什么？　　A. 这不是我的责任　　　B. 我承担全部责任

8. 更愿意思考什么问题？　　A. 有标准答案的　　B. 没有标准答案的

9. 你认为哪一种情况更可怕？　A. 不知道明天会怎样　B. 每天都一样

10. 你追求什么？　　　　　　A. 安稳　　　　　　B. 自由

创业者基本更倾向于 B 选项；如果倾向于 A 选项较多者，目前可能暂时不适合自主创业。

玩一玩

有些人的创业素质是先天具备的，但绝大多数的人是靠后天培养的，如果我们有心做一个创业者，就要围绕创业者能力素质要求，不断加强创新思维的自我训练，不断进行创业活动的实践，经过一段时间的积累，你可能也会适合自主创业。世上无难事，只要肯攀登，让我们一起去"职场通关廊"，开启我们的创新思维训练之旅吧！进行训练之前，可先到"职场加油站"学习"创新思维训练方法"，然后再进行训练实战。

职场放松屋 》

·》 通往广场的路不止一条

有一次，父亲带着我，爬上了教堂高高的塔顶。俯瞰星罗棋布的村庄环抱着罗马，如蛛网般交叉的街道，一条条通往城市广场。

"好好瞧瞧吧，亲爱的孩子，"爸爸和蔼地说，"通往广场的路不止一条。生活也是一样，假如你发现走这条路不能到达目的地的话，就可以走另一条路试试！"

此后，我一直把父亲的教导记在心间。

我的梦想是做一名时装设计师。

有一天，我遇到了一位朋友。她的毛衣颜色很素净，却编织得极为巧妙。

"多漂亮的毛衣呀！是自己织的吗？"我问道。

"不是，"她答道，"是维黛安太太织的，她在美国学的。"

突然，我的眼睛一亮，一个大胆的念头在脑海闪现：我为什么不从毛衣入手，自己设计、制作和出售时装呢？

我画了一张黑白蝴蝶花纹的毛衣设计图，请维黛安太太先织了一件。为了观察别人的反应，我穿着这件毛衣，参加了一个时装商人的午宴。结果，一家大商场的经理当场就向我订购了四十件，约定两星期内交货。我大喜过望，脚下仿佛踩着一朵幸福的云。

"两个星期要四十件？这根本不可能！"当我站在维黛安太太面前时，她说，"你要知道，织这么一件毛衣，我几乎要花上整整一个星期时间啊！"那朵幸福的云突然消失了，我只好垂头丧气地与她告辞。半路上，我猛然停住脚步，心想：这种毛衣虽然需要特殊技能，但在巴黎，一定还会有别人会织的。我跑回维黛安太太家，向她讲了自己的想法。她觉得有道理。我同维黛安太太想尽办法，终于找到了二十位心灵手巧的姑娘。两个星期以后，四十件毛衣从我新开的时装店装上开往国外的货轮。从此，一条时装的"河流"，源源不断地从我的时装店里流了出来。

后来，我计划举办一次大型时装展，但在离展出只有十三天的时候，缝纫姑娘们在另一家时装店的挑拨下跑光了。这回该从哪儿找到一条出路呢？看来，我的时装展不得不推迟了——不然，就只有展出未缝成的衣服了。对呀！我为什么不可以举办一个不是成衣的时装展呢？

时装展如期开幕。这真是一个与众不同的展览会——有的衣服没有袖子，有的只有一只袖子，有的还是一片布样。虽然我们展出的时装不是成衣，但从中仍然可以看出这些时装缝成后的颜色和式样。这次展览，激发了顾客的兴趣，前来订货的人络绎不绝。

父亲的教导让我一生受用不尽——通往广场的路不止一条！

——出自马慧编著，《实用汉语基础高级阅读与写作》，银川，宁夏人民教育出版社，2017。

通往广场的路不止一条，通往职场的路也有千万条。如果惧怕前面跌宕的山岩，生命就永远只能是死水一潭，在"大众创业、万众创新"的时代，我们可以怀揣创新精神，在创业的路上去试水、打拼，或许有另一种美好正在不远处等待着我们。

职场通关廊 ≫

创新能力、创新思维是可以通过训练而获得的，下面提供了一系列创新思维训练内容，每位同学可选择1~2个内容进行训练。完成每一个训练内容后都要说明你使用了"职场加油站"的"创业者的思维训练方法"中的哪一种思维训练方法。

训练内容一：一家位于纽约的商店名叫"七只钟"，然而在它的店门外面却挂着"八只钟"，店主这样做的原因是什么呢？请陈述你的想法。

训练内容二：舒适航空公司是欧洲以低成本领先的航空公司，他们已经在低成本空中旅行方面做出了多项创新。比如，在舒适航空公司的航班中没有免费的饮料，如果你想喝点什么就必须掏钱去买，请问这样做可以给航空公司带来什么好处呢？

训练内容三：现在共享按摩椅在许多城市已经非常流行了，在机场里面是肯定有的，请问在机场共享按摩椅这个区域推销眼贴，会不会有收效呢？请说明你的理由。如果可以，请问你运用的是什么思维方法呢？

训练内容四：从前有位国王有洁癖，他最害怕自己的鞋底会沾上泥土，于是命令大臣把整个国家的道路都用布覆盖上。大臣开始组织人力丈量全国的道路，之后他做了计算，把全国所有的路都覆盖布，需要二十万工匠不停地工作五十年，而全国的人口也不过五十万。大臣心急如焚，向国王痛陈利弊，说弄不好会亡国。国王一怒，将大臣处死了。国王又派另一个大臣来办此事，结果这个大臣很容易就解决了此事，请问第二位大臣是用什么办法解决这个天大的难题的，是运用了什么思维方法？

训练内容五：用什么办法可以让牙膏的销量更大？

训练内容六：就当前国家经济社会发展情况，你觉得哪个行业最有创业的空间呢？说说你的理由吧！

今天，我们初次认识了"创业"，创业也不再是什么高不可攀的事情。如果将来我们要自主创业，你打算选择哪个领域呢？大家可以在下面罗列的创业领域中进行勾选，也可以将你打算创业的领域写在下面。

☐ 轻资产行业：如自媒体、电子商务、网络营销、课外辅导等。

☐ 大健康行业：如食品安全、养生保健、旅游建设、医疗养老等。

☐ 互联网行业：如共享经济、物联网、新零售等。

☐ 生态农业行业：如特色种植、绿色食品、休闲农场、特色农庄等。

☐ 人工智能行业：如智能机器人、无人驾驶、人脸识别、无人售货等。

你打算创业的领域：＿＿＿＿＿＿＿＿＿＿＿＿＿＿＿

＿＿＿＿＿＿＿＿＿＿＿＿＿＿＿

＿＿＿＿＿＿＿＿＿＿＿＿＿＿＿

＿＿＿＿＿＿＿＿＿＿＿＿＿＿＿

＿＿＿＿＿＿＿＿＿＿＿＿＿＿＿

职场拾贝苑 》》

亲爱的同学，请将你在本节课学习、活动中的收获、体会和成长记录下来吧！

收获：_____

_____

体会：_____

_____

成长：_____

_____

职场启迪堂 >>

1850 年，美国西部发现大片金矿

德国人李维·施特劳斯

到处都是人，遍地是帐篷，人比金子都多，这能发财吗？

还有毛巾、桶吗？

全部抢购完了！

日用品小店

这日用百货抢购一空，帆布没人理会。这帆布要赔本了。

你是不是要买点帆布搭帐篷？

我不需要再搭一个帐篷，我需要的是像帐篷一样耐磨的裤子，你有吗？

要裤子做什么呀？

你不知道，淘金的工作非常艰苦，衣服经常要磨来磨去，棉布做的裤子几天就磨破了，如果用帆布做成裤子，又结实又耐磨，多好呀！我肯定买。

1853 年，第一批帆布做的工装裤在李维·施特劳斯手中诞生了。

是呀！反正这些帆布也卖不出去，干吗不做成裤子呢？

百年经典品牌"LEVI'S"牛仔裤诞生

有一位德国人，叫李维·施特劳斯。在 1850 年之前，他就是个普通的小公务员，但是 1850 年发生了一件大事，就是美国的西部发现了大片金矿。于是，无数想一夜致富的人就如潮水般地涌向了美国西部。20 多岁的李维·施特劳斯也在其中，好不容易奔波到了美国旧金山，结果是相当失望。到处都是人，遍地是帐篷，人比金子都多啊。这能发财吗？

李维·施特劳斯觉得悬，不过好在他比较好动脑筋，另辟蹊径。因为淘金者都是住在远离市中心的偏僻地带的各种帐篷里，想买点儿东西需要去相当远的地方，很不方便。于是李维·施特劳斯就在他们附近开了一家日用品小店，不是从土里淘金了，而是淘淘金人身上的金。不出所料，小店的生意很不错，李维·施特劳斯也挣钱了。

有一天，李维·施特劳斯又采购了一大批的日用百货和搭帐篷用的帆布回来。结果这日用百货被抢购一空，帆布却没人理会，为什么呢？很简单，淘金者都有自己的帐篷，不愿意再搭第二个帐篷。看着这帆布就要赔本了，李维·施特劳斯十分的沮丧。

突然，他看见有一个淘金工人迎面走来了，而且还看着这个帆布。李维·施特劳斯赶快就迎上去热情地问："你是不是要买点帆布搭帐篷？"那个工人摇了摇头说："我不需要再搭一个帐篷，我需要的是像帐篷一样耐磨的裤子，你有吗？""要裤子做什么呀？"这个工人对他说："你不知道，淘金的工作非常的艰苦，衣服经常要磨来磨去，棉布做的裤子几天就磨破了，如果用帆布做成裤子，又结实又耐磨，多好呀！我肯定买。"

一语惊醒梦中人。是呀，反正这些帆布也卖不出去，干吗不做成裤子呢？1853 年，第一批帆布做的工装裤在李维·施特劳斯手中诞生了。这第一条裤子当时穿在谁的身上现在没人知道，我们只知道很多年以后它有了一个很响亮的名字——"牛仔裤"，同时诞生的还有一个百年经典的品牌"LEVI'S"。

——出自罗路晗主编，《影响孩子成长的 160 位世界名人故事（中）》，天津，天津人民美术出版社，2006。

李维·施特劳斯的成功在于敏锐地洞察到了市场需求，找到了符合市场需求的创业项目并不断优化调整。那如果我们有了创业的动机，该选择什么项目？如何选择项目？如何创立属于自己的企业？创办什么类型的企业呢？

▶ 一、选择创业项目的方法

在国家"大众创业、万众创新"的政策引导下，投身创业的人越来越多。一份创业调查报告显示：在创业前期，80% 的创业者都感到确定创业项目"很难抉择"；在创业失败的案例中，有 60% 的创业者觉得是因为"创业项目选择失误"；在创业成功的人群中，70% 的创业者都认为是"良好的创业项目成就了自己的事业"。选择项目既然如此重要，那么该如何选择项目呢？

（一）选择自己最擅长的

选择项目首先要选自己熟悉的，其次要根据自己的能力与素质，扬长避短。如果你去从事一个自己不懂或不太熟悉的新行业，风险太大，不可盲目行事。

（二）选自己最喜欢的

孔子说："学之者不如好之者，好之者不如乐之者。"做你喜欢的事，你就会废寝忘食、不知疲倦、乐在其中。

（三）选自己最熟悉的

做生意的人常说一句话，叫作"不熟不做"。意思是说，假如有十个人做同样的生意，如果只有一个人挣钱的话，那一定是最熟悉这个行业的人。

（四）选自己最有人脉的

"一个好汉三个帮""孤木不成林""成功依靠的是 15% 的专业知识和 85% 的人际关系"。选择创业项目时，必须要考虑到人际关系的重要性。

（五）选即将兴旺的事（新事物）

君子应趋吉避凶，顺势而为，才是明智的选择。一个新兴的产业出现之际，必然能够提供大量的创业机会，引发创业热潮，产业连锁反应。例如，电脑的出现，带来了大量的上下游相关产品与配套服务的创业机会。

（六）选最有市场潜力的

创业路上，往往只有 20% 的人在做的事，才有机会。而 80% 的人都在做的事，就已经没有市场机会了。

（七）选市场空白的

市场空白可以说无处不在，关键是你要做一个有心人。我们可以从广告、报纸、杂志、网络和生活中去发现创业项目。创业项目的来源很广泛，如果你留心，处处都能寻到创业项目的踪迹。共享单车、滴滴的成功，就是抓住了市场空白。

❖ 二、企业的组织形式

当选择好创业项目，准备开办企业时，要选择恰当的企业组织形式。企业组织形式不同，企业的法律地位和企业投资人的风险责任范围也不同。对于中国的企业来说，最常见的企业组织形式有个人独资企业、合伙企业和公司制企业三种。

（一）个人独资企业

个人独资企业是最简单的企业组织形式，是指依照《中华人民共和国个人独资企业法》在中国境内设立的，由一个自然人出资，财产为投资人个人所有，投资人以其个人财产对企业债务承担无限责任的经营实体的企业。

根据《中华人民共和国个人独资企业法》规定，设立个人独资企业应当同时具备下列条件：

投资人为一个自然人；有合法的企业名称；有投资人申报的出资；有固定的生产经营场所和必要的生产经营条件；有必要的从业人员。

个人独资企业主要盛行于零售业、手工业、农业、林业、渔业、服务业和家庭作坊等。

（二）合伙企业

合伙企业是指自然人、法人和其他组织依照《中华人民共和国合伙企业法》在中国境内设立的，由两个或两个以上的自然人通过订立合伙协议，共同出资经营、共负盈亏、共担风险的企业组织形式。

设立合伙企业，应当具备下列条件：

有两个以上合伙人，合伙人为自然人的，应当具有完全民事行为能力；有书面合伙协议；有合伙人认缴或者实际缴付的出资；有合伙企业的名称和生产经营场所；法律、行政法规规定的其他条件。

合伙企业分为普通合伙企业和有限合伙企业两种。普通合伙企业由普通合伙人组成，合伙人对合伙企业债务承担无限连带责任。有限合伙企业由普通合伙人和有限合伙人组成，普通合伙人对合伙企业债务承担无限连带责任，有限合伙人以其认缴的出资额为限对合伙企业债务承担责任。

（三）公司制企业

公司制企业又叫股份制企业，是指按照法律规定，由法定人数以上的投资者（或股东）出资建立、自主经营、自负盈亏、具有法人资格的经济组织。我国目前的公司制企业主要形式有有限责任公司和股份有限公司两种形式。

1. 有限责任公司。

有限责任公司简称有限公司，由五十个以下的股东出资设立，每个股东以其所认缴的出资额为限对公司承担有限责任，公司法人以其全部资产对公司债务承担全部责任的经济组织。

根据《中华人民共和国公司法》（2018年修订版）规定，设立有限责任公司，应当具备下列条件：

股东符合法定人数；有符合公司章程规定的全体股东认缴的出资额；股东共同制定公司章程；有公司名称，建立符合有限责任公司要求的组织机构；有公司住所。

2. 股份有限公司。

股份有限公司是指将公司全部资本分为等额股份，股东以其所持股份为限对公司承担责任，公司以其全部财产对公司的债务承担责任的企业组织形式。

根据《中华人民共和国公司法》（2018年修订版）规定，设立股份有限公司，应当具备下列条件：

发起人符合法定人数；有符合公司章程规定的全体发起人认购的股本总额或者募集的实收股本总额；股份发行、筹办事项符合法律规定；发起人制定公司章程，采用募集方式设立的经创立大会通过；有公司名称，建立符合股份有限公司要求的组织机构；有公司住所。

对于中职学生而言，因为人脉、资金等各方面的原因，比较适合大家的是个人独资企业和合伙企业这两种形式。

除了确定企业的形式，还需要考虑创业的方式，一般而言，对于新手的创业方式建议选择以"加盟创业、网络创业、团队创业、兼职创业"等相对稳妥方式进行。

三、企业注册流程

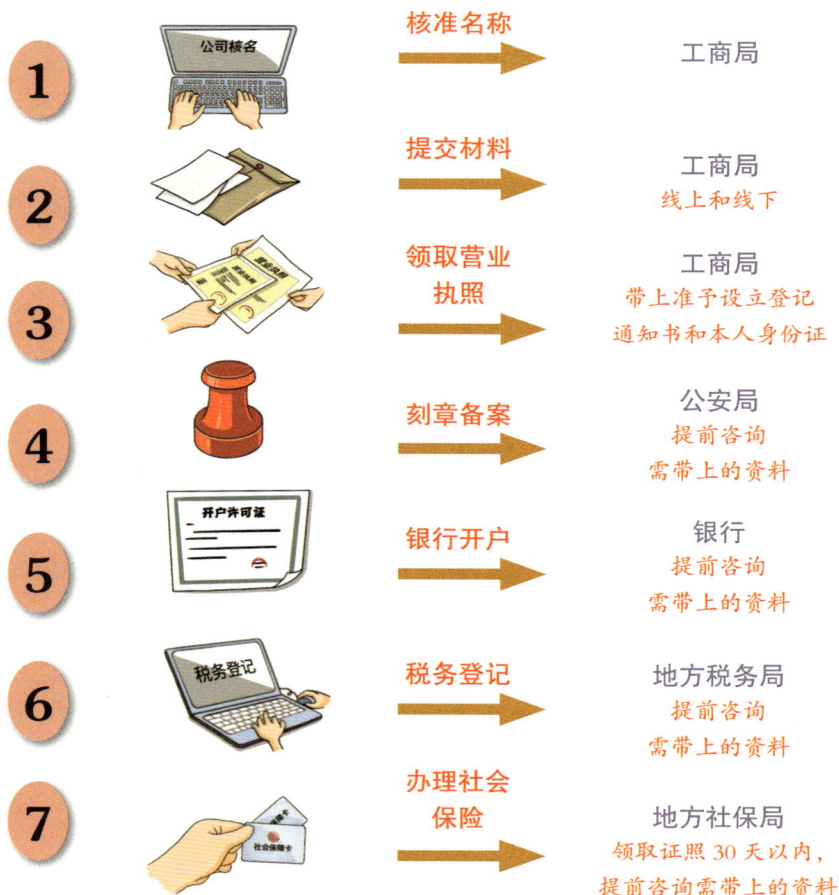

1 公司核名   **核准名称** ➡ 工商局

2   **提交材料** ➡ 工商局 / 线上和线下

3   **领取营业执照** ➡ 工商局 / 带上准予设立登记通知书和本人身份证

4   **刻章备案** ➡ 公安局 / 提前咨询需带上的资料

5 开户许可证   **银行开户** ➡ 银行 / 提前咨询需带上的资料

6 税务登记   **税务登记** ➡ 地方税务局 / 提前咨询需带上的资料

7   **办理社会保险** ➡ 地方社保局 / 领取证照30天以内，提前咨询需带上的资料

职场活动亭 ≫

谈一谈

一位诺贝尔奖获得者曾说:"从容思考,从速实行,方向永远比努力更重要。"当有了创业的冲动,我们就可以一步一个脚印去谋划,为着手进行创业的实战做好各项前期准备。如果计划创业,我们首先应该做什么呢?请自由发表自己的观点吧!

学一学

进行创业的探索前,我们必须了解关于创业的一些基本常识。比如,怎么选择创业的项目,企业有哪些基本的组织形式,如何进行企业的注册等。下面就按照项目展开学习吧!

(一)创业项目的选择

1. 看看别人的。

表 4-1 创业项目选择范例

公司名称	人物	选择项目原因
阿里巴巴	马云	马云的互联网创业灵感来源于 1995 年他在美国的第一次触网经历。当时他到西雅图的一家互联网公司考察,公司的人打开浏览器,对马云说:"要查什么,你就在上面敲什么。"马云在上面查找了半天有关中国的信息,结果搜索到的少之又少。这一次难忘的经历,极大地激发了马云的互联网拓荒热情,并萌生了把国内的企业资料收集起来放到网上向全世界发布的想法。 ——出自武志军,《"传奇"马云 30 年:从英语老师到互联网"教父"》,载《中国品牌》,2014(6)。
顺丰速运	王卫	在 1993 年的时候,王卫还是一个年轻的小伙子,他时常骑着一辆摩托车穿行在广东深圳的大街小巷,后座上绑着鼓鼓囊囊的包裹,那是王卫受朋友所托,从香港将包裹运到深圳指定的人手中的,同时也将一些信件捎到香港去。久而久之,托王卫送包裹的朋友越来越多,他们又不好意思每次免费,于是常常塞些红包给王卫。原本只是出于对朋友的信义之举,王卫却从中看到了商机。他想:既然许多人都有这样的需求,能不能成立一家小公司,专门做运送业务呢?当王卫将这个想法跟父亲交流时,得到了父亲的支持和肯定。 ——出自江东旭,《顺丰王卫:成功并非来自偶然》,载《思维与智慧》,2015(23)。

续表

公司名称	人物	选择项目原因
百度	李彦宏	当年李彦宏在美国抛弃博士帽，艰苦创业的时候，美国 IT 界最火的是电子商务。无数人拼了老命想要挤上这辆被看好的网络列车，甚至不惜放弃自己熟悉的行业。李彦宏没有跟随大流进入电子商务领域，而是悄悄走到了很少有人问津的网络搜索领域。因为他看到了搜索对网络世界可能产生的巨大影响。李彦宏告诫跃跃欲试的年轻人：一定要有向前看两年的眼光。跟风、赶潮流，你吃到的很可能只是残羹冷炙。 ——出自方欢，《总裁李彦宏的创业经》，载《中小企业科技》，2004（12）。
京东	刘强东	1998 年 6 月 18 日，刘强东在北京中关村创办了京东公司，定位为传统渠道。2003 年，京东商城的 IT 连锁店已经发展到十多家，但最后由于"非典"的到来而被迫歇业。之后通过一年的时间开始尝试线上和线下相结合的模式经营产品。2005 年，刘强东最终下定决心关闭零售店面，转型为一家专业的电子商务公司，也正是这个决定成就了如今的京东商城。 ——出自李训一，《刘强东从创业草根到电商大佬》，载《现代企业文化》，2015（4）。
饿了么	张旭豪	2008 年，那时张旭豪还是上海交通大学的研究生，有时候无聊，就在宿舍和几个舍友打游戏。打游戏分身乏术，又容易饿，他们经常叫外卖，但打电话到餐馆，要么打不通，要么不送。大家吐槽商家不会做生意，"外卖为什么不能晚上送？晚上明明大家最需要吃东西。"有舍友回答："晚上生意少，所以他们就不做了。"张旭豪眼前一亮："他们不做，干脆我们来做！"就这样，"饿了么"的构想由此诞生。 ——出自杨芬，《张旭豪"饿"出来的创业》，载《企业观察家》，2015（10）。

2. 想想自己的。

如果我要创业，我将选择 _____ 项目，因为 _____

3. 学学科学的。

选择创业项目应该立足于哪些方面呢，让我们去"职场加油站"学一学吧。

（二）企业的组织形式

1. 请到"职场加油站"学习"企业的组织形式"，了解各种企业组织形式的名称、成立条件、承担责任义务的方式，然后去"职场通关廊"试试配对吧！

2. 对于创业之初的人而言，哪一种组织形式是比较合理的选择呢？请说说你的理由吧！

看一看

确定好项目和创业的形式，就应该办证照啦。你知道需要办理什么证照吗？请扫描二维码观看《办理营业执照》小视频，说说办理营业执照都有什么作用？需要准备哪些材料？

办理营业执照

演一演

包括办理营业执照在内，企业注册包括哪些流程呢？

活动形式：两人一组，角色扮演。

活动步骤：

1. 去"职场加油站"学习"企业注册流程"。

2. 两人一组，分别扮演创业人员和政务中心前台接待人员，将"企业注册流程七步法"一步一步弄明白。政务人员要对"创业人员"说清楚每一个环节的工作内容名称、应该去哪个机构办理、办理的时候具体需要注意哪些事项。

3. 全部同学扮演结束后请两组同学上台展示，其他小组同学作为观察员看其表演环节是否准确、细节是否周全，并及时点评反馈。

想一想

学习了创业前期我们应该了解的相关知识，同学们对创业是不是有点跃跃欲试了呢？请到"职场心愿树"以"我来当老板"为题，完成相关内容的填写，为创业的实战

做好充分的准备吧！

时势造英雄，学会选择创业项目并遵循方法去探索，就像我们知道风口在哪儿并且付诸行动勇敢地站到风口上，我们就可能顺势起飞并且越飞越高！愿我们的创业梦都能有舞台去展现、有蓝天去翱翔！

职场放松屋

● 零零后职高学生的收钱码创业心经

不论是在城中村还是小乡村，你都可以使用支付宝收款码付款，这背后都要感谢一群名为"蚂蚁金服收钱码服务商"的群体。"蚂蚁金服收钱码服务商"是"移动支付的播种机"——成千上万的服务商，通过锲而不舍的介绍、推广，将收钱码带到了不同行业、不同年龄、不同地域的小商家手中，让消费者轻松扫码消费，让小商家晋升"码商"并享受小微金融带来的一系列便利。

符兆权，一个稚气未脱的 17 岁大男孩，是广州商贸职业学校在读学生，也是支付宝收钱码服务商广州恩典公司的创始人。2017 年 11 月，他联合几个同学注册广州恩典公司，签约成为蚂蚁金服收钱码服务商。最初他们将"蚂蚁金服收钱码服务商"的工作视为"第二课堂"。据他介绍，从 2017 年起创业至今，他们已为 3000 余户商家接入支付宝商家服务。而持续的努力也为他们带来了丰厚的回报。据介绍，在最高峰时，每个月他们人均收入 8000 多元。符兆权向记者感慨说："比其他同学兼职做服务员、发宣传单等，收入好太多。"

"2018 年 7 月，我们和其他同学一样，踏上了毕业季，奔赴社会的路途。"他们团队选择将"蚂蚁金服收钱码服务商"这个工作继续做下去，并在广州拓展收钱码项目，月总业绩达 10 万元。2018 年 10 月，符兆权团队派遣一行 3 人小队前往海口作业。"每周基本都是'997'（早上 9 点干到晚上 9 点，每周工作 7 天）的状态。为了保持自身的热血持续沸腾，我们不断研究新的作业方法，研究如何更好地满足码商的需求，研究如何更好地维护与码商的感情。"符兆权向记者表示，通过"日三省吾身"，他们团队懂得了除提供产品的价值以外，通过返佣政策抽出一定比例做运营活动，提高消费者对支付宝的认可程度，同时也提高了"码商"对"小二"的认可程度，为转介绍做铺垫。

符兆权表示："目前恩典服务商收钱码项目纳入黑莓广告旗下运营，相信我们在不久的将来，能够成为蚂蚁金服的顶部服务商。因为相信，所以看见；因为相信，所以更加努力！"

——出自潘敬文，《零零后职高学生的收钱码创业心经》，载《信息时报》，2019-03-12。

职场通关廊 >>

1. 请根据"企业组织形式"的知识，将下表中企业组织形式的"特征"与"类型"进行配对，并将答案填写在表 4-2 内。

表 4-2 企业的组织形式

特征	企业类型
投资人为一个自然人； 有合法的企业名称； 有投资人申报的出资； 有固定的生产经营场所和必要的生产经营条件； 有必要的从业人员	
有两个以上合伙人，合伙人为自然人的，应当具有完全民事行为能力； 有书面合伙协议； 有合伙人认缴或者实际缴付的出资； 有合伙企业的名称和生产经营场所； 法律、行政法规规定的其他条件	

续表

特征	企业类型
股东符合法定人数； 有符合公司章程规定的全体股东认缴的出资额； 股东共同制定公司章程； 有公司名称，建立符合有限责任公司要求的组织机构； 有公司住所	
发起人符合法定人数； 有符合公司章程规定的全体发起人认购的股本总额或者募集的实收股本总额； 股份发行、筹办事项符合法律规定； 发起人制定公司章程，采用募集方式设立的经创立大会通过； 有公司名称，建立符合股份有限公司要求的组织机构； 有公司住所	

2. 请结合所学知识，将按"企业注册流程"的正确顺序进行排列，把项目前面的字母写在括号内（　　　）。

A. 银行开户　　　B. 刻章备案　　C. 提交材料　　D. 税务登记

E. 领取营业执照　　F. 核准名称　　G. 办理社会保险

职场心愿树 >>

亲爱的同学，虽然以后你们不一定会开启创业行动，但掌握创业的相关知识和技能或许会带来意想不到的收获。请在下面以"我来当老板"为题完成以下内容：你打算选择什么项目？打算为创业项目取个什么名字？打算选择什么组织形式？这个项目最初可能需要投入多少资金？前期可能需要多少工作人员？人员具体分工大致情况如何？

_____

_____

_____

_____

_____

🐚 **职场拾贝苑** ≫

亲爱的同学，请将你在本节课学习、活动中的收获、体会和成长记录下来吧！

收获：_____

_____

体会：_____

_____

成长：_____

_____

　　话说第一条毛毛虫，一天爬呀爬呀，终于来到一棵苹果树下。它并不知道这是苹果树，也不知树上长满了红红的苹果。当它看到同伴们往上爬时，不知所以地就跟着往上爬。它也许找到了一个大苹果，幸福地过了一生；也可能在树叶中迷了路，颠沛流离，糊涂一生。

　　第二条毛毛虫也爬到了苹果树下。它知道这是一棵苹果树，也确定他的"虫生目标"就是找到一个大苹果。它猜想：大苹果应该长在大树枝上吧！于是它有了计划，遇到分支的时候，就选择较粗的树枝继续爬。终于找到了一个自己认为的"大苹果"，咬了一口，却又酸又涩，放眼一看，却发现这个苹果是全树上最小的一个。

　　第三条毛毛虫也来到了树下。它计划先研制一副望远镜，在还未开始爬时，就先利用望远镜搜寻一番，并找到了一个超大红苹果。于是它开始行动，但抵达时，也许苹果早已被别的毛毛虫捷足先登，也许苹果已熟透而烂掉了。

　　第四条毛毛虫也带着望远镜，但它的计划不是直接寻找一个大苹果，而是一朵含苞待放的苹果花。它计算着自己的里程，并估计当它抵达时，这朵花正好长成一个成熟的大苹果。果不其然，它如愿以偿，从此过着幸福快乐的日子。

——出自刘英俊、刘光全主编，《让孩子热爱学习的故事全集》，石家庄，花山文艺出版社，2008。

同样的目标，不一样的计划，得到不一样的结果。没有计划的创业就如同在风雨中飘荡的没有舵手的小船。制订创业计划、撰写创业计划书是每一位创业者的必修课！你准备好了吗？

职场加油站 >>

>> 一、创业计划书的概念

创业计划书是创业者对创业计划的书面摘要。创业计划书也可以称为商业计划书，两者的区别在于，前者是面向内部的方案文件，后者是面向外部开展商业活动的依托。

>> 二、创业计划书的作用

一份优秀的创业计划书不仅能够吸引投资者，而且能够帮助创业者厘清创业思路，有效指导企业经营，主要作用体现在以下四个方面：一是明确创业方向，厘清创业思路；二是统筹执行细节，助推目标达成；三是统一团队思想，协调团队步调；四是帮助创业者进行融资。

>> 三、创业计划书的框架结构

创业计划书由封面、目录、正文和附录四大部分组成，其中正文包括摘要、主体和结论三部分，各部分主要内容见图4-1。创业计划书编写成文后，需进行多次检查、修改、完善，并对其进行必要的包装。

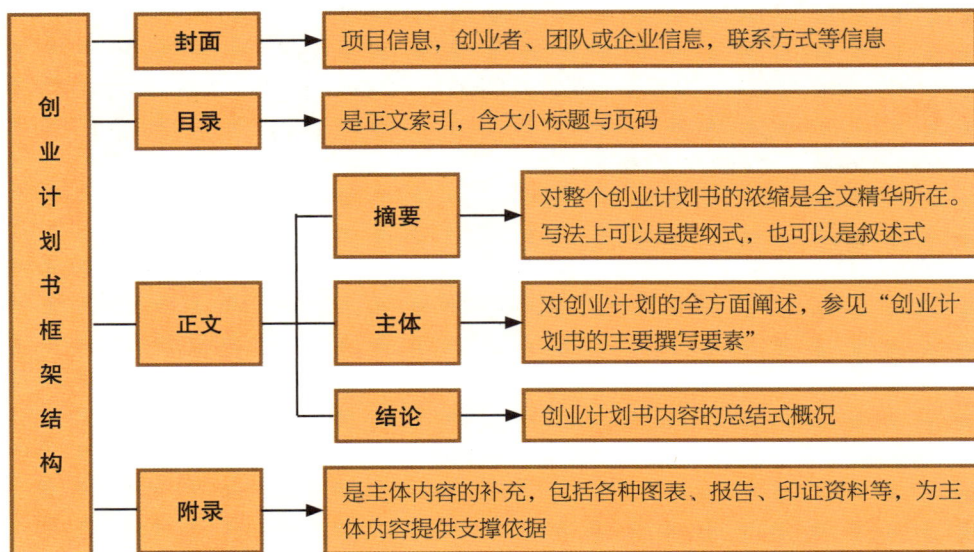

图 4-1　创业计划书框架结构图

◆》四、创业计划书的撰写要素

创业计划书是可以有多种撰写方式的，但无论写给自己的创业计划书还是写给别人的商业计划书，都应在前期就相关环节、要素进行深入、细致的考量，这对于我们更好地做好创业前期的各项准备或者更好地得到合作方的认可与支持，都是非常重要的。一般而言，创业计划书应该规划和考虑以下的一些因素。

第一，项目摘要。所做的项目是什么？是卖产品还是卖服务？谁是主要客户？产业生命周期是处于萌芽阶段、成长阶段、成熟阶段还是衰退阶段？所做事业的项目属于创新项目还是加入或承接既有项目？用独资、合伙还是公司制的形式？为何能获利？有何发展计划？

第二，产品或服务。产品或服务到底是什么，或者是两者都有，有无特色之处，跟竞争者有什么差异？产品或服务质量能否得到保障，能带给客户什么利益？成本及利润怎样，能给团队和投资人带来怎样的收益？产品开发或服务规划怎样，有什么样的前景？

第三，市场与营销。目标市场在哪里？客户群体特点及购买能力怎样？是在既有的市场去服务既有的客户还是开发新客户？是在新市场去服务既有客户还是去开发新客户？准备采用哪种营销方式？是直销还是分销？要采取什么样的营销策略？

第四，竞争力。目前的五大竞争者都有谁？他们的市场占有率多少？他们各有什么优势和不足？自己的创业项目与竞争对手的有哪些区别？从他们那里能学到什么？如何做得比他们好？

第五，内部管理。管理团队及组织架构是怎样的？创业团队成员的各自特点，如何分工协作，优势互补？有什么样的激励约束机制和人才发展规划？

第六，财务分析。筹资或融资款项如何运用？用来做营运周转还是添购设备、备料进货或是技术开发？资金如何使用？产品、销售、管理等成本，销售收入、税金、利润等各是多少？需要现金流量多少？资产负债、盈亏平衡预测，投资回报与退出等描述。

第七，风险预测。创业项目风险点有哪些？准备采用什么样的措施来避险？

第八，发展规划。有无近期（1～2年）、中期（3～5年）、远期（5～10年）发展目标？团队人力、产品技术、销售目标、市场占有率等有何规划？

以上的要素，在创业计划书中都应该有呈现，只是不同的创业者根据自身在这些方面的实际情况，可能会有轻重与详略的选择。如果我们仅仅是作为自己创业前的全方位考量与准备，最好每一个要素都做全方位的思考，提前做好相关问题的应对策略，避免因为创业前考虑不周全等问题给创业过程带来麻烦。

职场活动亭 ▶▶

玩一玩

请快速补全下列名言警句吧！

（1）凡事预则立，_____。

（2）不打_____之仗。

（3）机会永远都是留给_____。

（4）运筹帷幄之中，_____。

这些名言警句共同反映了一个什么道理？这个道理对于创业这件事情有什么意义呢？

议一议

创业需要我们在创业前进行深入的考虑，制订出周全的计划，将创业的计划按照相关的要素用书面的形式制订出来，这就是我们说到的创业计划书了。创业计划书应该涵盖哪些要素？每一个要素应该涉及哪些具体的内容？

1. 请4~6人为一个小组进行讨论，把讨论的结果用表格或思维导图的形式进行呈现。

2. 讨论后每小组选派一名代表发言，小组成员补充完善。

3. 扫描二维码观看动画《创业计划书的要素》，然后和讨论的
结果比对一下吧。

创业计划书的要素

学一学

其实，创业计划书的撰写是有一定规范的，其要素也有一些是必备的，只有要素齐全，才能指引我们把创业的每一个细节考虑周全，同时一份考虑周全的创业计划书能对实战起到良好的指导作用，为创业的成功打下良好的根基。当然，如果是写商业计划书，也只有考虑周全的计划书，才可能赢得别人的青睐，成为叩响投资者大门的"敲门砖"！

请到"职场加油站"学习"创业计划书的撰写要素"吧！

比一比

请将本小组在"议一议"时呈现的计划书要素与"职场加油站"中的"创业计划书的撰写要素"逐一对照，按要素、细节两个方面仔细核对，看看我们自己考虑到了哪些方面，哪些方面没有考虑周到，并把没有考虑到的内容补充在自己小组的计划书里面。

练一练

仅仅知晓创业计划书的要素与框架是远远不够的，我们还要把内容写详尽、写充实、写出特色，让它具有说服力、吸引力。

请去"职场通关廊"学习创业计划书个别要素的撰写模板，并结合"职场心愿树"中所希望的创业项目，选择一个要素点去完成一份模拟稿。

评一评

1. 分享交流模拟稿。

2. 互相点评模拟稿的优势与不足。

虽然一份创业计划必须写进去相关要素，但即使是同一个板块，不同的创业项目，不同的创业人写出来的创业计划书也是有各自不同特点的。

注意在撰写过程中始终坚持把握好"开门见山，突出主题；简明扼要，通俗易懂；结构完整，内容规范"这三大原则。

做一做

兵马未动，粮草先行。编制创业计划书，为创业谋篇布局，是创业的首要步骤。

请在课后运用今天学习的知识，用一个星期时间，小组同学分工合作，负责完成调查、研究、讨论，去完成自己人生的第一份创业计划书吧！完成后记得也要为创业计划书的展示做好准备哟！

职场放松屋 ≫

▶ 一锅肉汤

有一个穷人到富人家讨饭。"滚开！"仆人呵斥。穷人说："只要让我进去，在你们的火炉上烤干衣服就行。"仆人以为这不需要花费什么，就让他进去了。这时他又请求厨娘给他一个小锅，以便他煮"石头汤"喝。"石头汤？"厨娘说，"我倒想看看你怎样用石头做成汤。"她答应了。穷人于是在路上捡了块石头洗净后放在锅里煮。"可是，你总得放点盐吧。"厨娘说，于是给了他一些盐，后来又给了他碎菜叶，最后又把能收拾到的肉末都放在锅里。这个可怜的穷人后来把石头捞出来扔回路上，美美地喝了一锅肉汤。如果这个穷人一开始就对仆人说："行行好，请给我一锅肉汤吧！"该会有什么结果呢？

——出自娄凌云编著，《营销人员每日必修课》，北京，民主与建设出版社，2004。

撰写创业项目计划书并不是一件轻松容易的事情，在撰写和完善的路上，大家也得有这种精神，要学会坚持，学会一点一点地往里加东西，终究一天，我们会写出一份高质量的创业计划书来。

职场通关廊 »

请模拟以下案例的写作方式，就自己团队确定的项目创业计划书中某个要素点进行详细撰写吧！

◆ 案例一："产品与服务"要素描述

"闪电贴（FlashTip）"是一张 1 毫米厚、面积与传统电池板相仿的产品，能持续提供约 12 小时的电池电量，只需将其贴于现有电池表面即可电力十足，轻便而快捷。它既可以作应急使用，尽可能地降低短期断电造成的通讯中断损失；也可省去外出携带充电器等不必要的麻烦，作为常用的备用手机电池。当然，由于其具有较高的性价比，普通消费者也可以接受。

◆ 案例二："市场营销"要素描述

因为"闪电贴"属于快速消费品的范畴，所以在营销上可采用大规模铺货的方式，占领便利店、超市、书报亭等主要的销售渠道，方便消费者及时、方便地获取产品。同时，第一年进行大量的派送试用，且投入一定资金做前期推广，通过各种媒体广告和各种促销活动推广产品知名度。在市场上采取先立足上海，后逐渐有计划、分步骤地推向全国的策略。第一年销售 37 万片，第二年销售 45 万片，第三年开始销售额和利润都大幅上升。

➡️ 案例三："财务计划"要素描述

公司设立在张江高科技园区，属于国家支持的中小型高科技企业，在税收上享受"两年免征所得税"的政策。公司成立初期需资金 720 万。其中，风险投资 520 万，盛旦公司投资（管理层和化学所投资）100 万，流动资金贷款 100 万。其中，用于固定资产投资 155 万，流动资金 565 万。股本规模为：公司注册资本 800 万元人民币。其中，外来风险投资入股 520 万（65.0%）；盛旦专利技术入股 180 万（22.5%）；资金入股 100 万（12.5%）。公司从第三年开始盈利，到第四年后利润开始大幅增长，内部收益率为 50.1%。风险投资可通过分红和整体出让的形式收回投资。

——案例来源：第四届"挑战杯"学生创业计划竞赛金奖作品——"上海盛旦科技股份有限公司闪电贴创业计划书"节选（胡海波编著《创业计划》中有采用）

更多案例请扫描二维码查看。

创业计划书案例

我的模拟：

_____ 项目创业计划书

_____ 要素的描述：

_____

_____

_____

职场心·愿树 »

巧妇难为无米之炊。解决创业资金问题，是很多初创企业的痛点。你的创业项目计划投资多少？准备从哪些渠道进行融资呢？请将创业需要的资金数量及融资方式写在对应的括号中。

风险投资公司：　　　团队成员自有资金：

（　　　　　）　　　（　　　　　）

政府政策支持：　　　父母、亲朋好友筹资：

（　　　　　）　　　（　　　　　）

参加竞赛获奖：　　　信用卡短期透支：

（　　　　　）　　　（　　　　　）

银行贷款：　　　　　其他方式及金额：

（　　　　　）　　　（　　　　　）

需要融资总数：

（　　　　　）

职场拾贝苑 »

亲爱的同学，请将你在本节课学习、活动中的收获、体会和成长记录下来吧！

收获：_____

_____

体会：_____

_____

成长：_____

_____

笼子里关着两只雉鸡，一只金尾，一只红尾。笼子虽小，但金尾雉鸡每天坚持在笼中挥翅，练习飞行动作，一对翅膀练得强劲有力。红尾雉鸡饱食终日，身休养得臃肿不堪。

金尾雉鸡劝道："鸟类应该学会飞行的本领！"

红尾雉鸡冷笑："关在鸟笼子里，能往哪儿飞？趁早死了那条心吧。"

金尾雉鸡扇动翅膀继续操练；红尾雉鸡则垂下眼帘，舒舒服服地晒太阳。

一天，主人不小心把鸟笼子打开了，金尾雉鸡凭借着一对强有力的翅膀，冲出鸟笼，飞向天空；红尾雉鸡却只能眼睁睁看着自己又一次被关进笼子。

——出自徐昌强主编，《点亮人生：激励人生的 365 个哲理故事》，杭州，浙江人民出版社，2008。

每个人都会有梦想，都希望能实现梦想，但是机会总是留给有准备的人的。疏于平时的积累，即使机遇与你擦肩而过，你也不能抓住它。所以，时刻准备着吧！

职场加油站 >>

➤ 一、创业计划书展示的意义

创业计划书的起草和创业本身一样，是一个复杂的系统工程。创业计划书不但要对行业、市场进行充分的研究，还要有很好的文字功底。创业计划是创业者对创业项目现状及未来发展战略全面思索和准确定位的过程，只有经过交流，在反复推敲与不断改进中才能成型。

一份内容翔实、数据丰富、体系完整、装订精致的创业计划书才有可能吸引投资者的眼球，同时创业计划书也只有通过向投资者进行全面、有效的展示，才能让投资者了解商业运作计划，才能使融资成为现实。因此，创业计划书的质量以及展示的效果对创业者来说都是至关重要的。

➤ 二、创业计划书展示的技巧

怎样才算是一份高质量的创业计划书？什么样的展示才能赢得投资者的认同？创业计划书在展示中应该注意做好以下几个方面的工作。

第一，计划书内容方面。内容全面、翔实，重点突出，做到有的放矢，能反映出项目具有可操作性，能保证成功；具有可赢利性，可带来预期回报；具有可持续性和较大的生存空间。

第二，计划书外观方面。外观大气、设计精致的计划书可为成功助力。

第三，PPT 设计方面。精美独特的 PPT 可以博取眼球，力争做到亮出绝技。

第四，演讲技巧方面。演讲者语言准确、简洁与流畅。

第五，答问技巧方面。对待提问，冷静、机敏；重服务，不重销售，力求做到步步为营。

•> 三、自主创业过程中的常见风险

对于青年学生而言，创业初期一般会选择自主创业。真实的创业过程比制作创业计划书、展示创业计划书中遇到的困难更加复杂。如果有创业的打算，就必须提前在心理等各方面做好攻坚克难的准备。

第一，自身心理不成熟，难以承受挫折。由于长期生活在校园里，青年学生对社会缺乏了解，更缺少创业经验，创业想法往往是因一时创业激情而起，把创业问题简单化、理想化，对创业过于自信，对困难估计不足。如果创业受挫，青年学生可能产生强烈的挫折感，忧心忡忡，胆怯心虚，不能正确认识自己的创业优势，甚至把自身的长处看成短处，在创业竞争中信心不足，自我设限，错失许多机会，这些都可能成为其创业成功的阻碍。

第二，创业优惠政策了解不深，创业起步难。为支持青年人创业，国家出台了不少优惠政策，涉及融资、税收、创业培训、创业指导等诸方面，各地也推出了相应的配套措施，为青年人创业提供便利。但一些政策的操作和执行需要具备相关条件，也需要反复咨询和了解，可能会增加创业难度，挫伤部分同学创业的积极性。

第三，融资渠道单一，发展缺乏动力。快速、高效筹措到资金是创业成功的保障之一。青年学生交往对象多为学生，很少能够从同学处筹措到足够的创业资金，并且刚出校门的青年学生想轻松地从银行贷到资金也存在比较大的困难。目前，青年学生创业资金的获得更多的是靠父母、亲戚的帮助，融资渠道单一，资金来源不稳定，资金数额较小，因而可能出现创业初缺少资金来源和资金积累的现象，具有创业和发展的局限性。

第四，创业企业形态选择盲目，缺乏针对性。创业的类型模式是多种多样的，可供选择的企业形态也有多种形式。青年人创业一般激情高，但创业选择盲目，多数没有进

行前期调查及绩效分析，也可能前期调查不准确，缺乏针对自己特长及条件的分析，看到别人干什么自己也跟着模仿，盲目选择企业形态。

第五，管理经验不足，缺乏团队观念。丰富的管理经验和团结的管理队伍是创业成功的重要因素。青年创业者可能具有一些管理理论，但缺少实际管理经验，在理财、营销、沟通、协调等方面实际能力不足，往往会造成经营理念单薄、产品营销方式单一、信息闭塞等，不能驾驭企业应对复杂万变的市场经济。加上青年创业者处于特殊的年龄阶段，思维中感性色彩丰富，自信力较强，不太擅长优势互补，不懂合作共赢的法则，缺乏团队观念和合作意识，这些都不利于创业。

第六，法律观念不强，维权意识淡薄。青年学生创业社会经验不丰富，市场敏感度不高，法律观念薄弱，在创业开始乃至整个过程中都有可能深陷法律陷阱，这些可能会对企业造成致命的打击。比如，普通合伙人需要承担无限连带责任，如果企业对他人的人身造成损害或对他人财产造成损失，企业不但以自身财产赔偿对方损失，在企业财产不足以赔偿对方损失时，投资合伙人还要以个人财产赔偿对对方造成的损失。所以，青年学生在创业选择合伙制企业模式时一定要慎重考虑。

如果选择创业，我们务必时刻保持高度警惕，不断积累创业经验、积攒创业实力，让自己在创业的路上走得更稳更远。

职场活动亭 >>

张朝阳1996年以一纸商业计划书从国外融来了18.5万美元资金，回到中国，创办当时人们听不懂的互联网公司。2000年，马化腾拿着改了6个版本、20多页的商业计划书，凭着早期QQ的400万个用户，从IDG和盈科数码那里拿到了220万美元风险投资，并使业务迅速壮大。

——出自国家科技风险开发事业中心，《商业计划书编写指南》（第2版），北京，电子工业出版社，2012。

你的创业计划书是否也能叩响投资者的大门！今天的创业计划书展示比赛，谁会拔得头筹？请拭目以待。

读一读

进行展示比赛前，要知晓展示的规则，才能确保比赛的胜利。

1. 各小组围绕创业计划书的重要要素，自行虚拟本小组汇报的对象身份，以本小组前期商讨方式进行展示。得分最高者获胜。

2. 小组成员分工明确，密切配合，共同完成展示。

3. 展示时需配合 PPT。

4. 每小组展示时间不超过 5 分钟。

5. 展示顺序以抽签决定。

6. 评委团：每个小组派 1 人担任评委。评委为单数，需要大于等于 5 人，评委团可向每个展示小组提 1~2 个问题。

7. 实行 100 分制。每位评委的评分去掉最高分和最低分后所得平均分为本小组最后得分。

8. 观察团：除评委团人员外，各小组剩余人员为观察团。观察团对每个小组创业计划书展示中存在的不足提出至少 1 条以上建议，全班展示结束后提交本小组对其他小组提供的建议（见"职场通关廊"表 4-4）。

学一学

应该把握哪些因素，才能更好地做好创业计划书的展示呢？请到"职场加油站"去学习学习吧！

比一比

请各小组根据展示的流程及展示技巧的指引，按照抽签顺序进行各小组展示比赛。展示结束，根据比赛评分评出展示团队冠军（评分表见表 4-3）。

表4-3 创业计划书展示评分表

项目名称：_____

序号	评分项目	权重	评分说明	得分	备注
1	项目摘要	5	对创业计划书内容宏观把握到位		
2	企业概况	5	对企业的总体情况认识清晰，对创业项目定位准确		
3	产品与服务	10	产品及服务阐述到位，特色鲜明		
4	行业分析	10	对行业的利弊，目标市场、市场机会等分析透彻		
5	生产情况	10	对生产各环节考虑周全，质量把控有举措		
6	组织与管理	10	有管理团队及团队成员合理搭配、互补共赢的理念。对员工数量、素质、薪酬考虑合理合规，能助力创业活动成功进行		
7	市场与营销	10	目标客户分析准确、赢得客户有硬招		
8	财务分析	5	财务分析细致、深入、清晰明了，能实现与计划的有效衔接		
9	PPT	10	PPT制作精美，重点突出，现场效果好		
10	表达	15	演讲思路清晰、逻辑性强，表达流畅、语言简洁，富有说服力、感染力		
11	团队	5	展示过程中团队成员分工合理、配合有序		
12	创新	5	展示过程打破常规的探索与尝试，获得一定成效		

总分：_____

议一议

根据展示情况，请各小组围绕以下问题展开讨论并交流。

1. 你认为哪个小组的展示最好，为什么？

2. 哪个小组的创业项目最能激发你的兴趣，为什么？

3. 创业计划书展示，除做好"创业计划书撰写要素"中的相关内容外，还应该做好哪些事项才能确保展示成功？

4. 在制作创业计划书的过程中和在创业计划书展示过程中，你遇到过哪些困难？是如何解决的？

5. 如果今后真正走上创业之路，可能还会遇到哪些困难？

✷ 写一写

通过观摩各小组的展示以及上面进行的讨论，相信你对创业计划书的展示已有了更深入的理解和认识，请再次整理思路，到"职场通关廊"去完善对各小组展示情况的建议。

✷ 看一看

比起创业计划书的展示，真实的创业会遇到更多更实际的困难，你一定会面对较大压力，经历重重考验。请到"职场加油站"了解"自主创业过程中的常见风险"，提前为创业做好心理及其他相关方面的全面准备。

✷ 说一说

你现在对创业这件事情有哪些新的想法呢？请到"职场心愿树"记录下来，并向大家说说吧！

如果有了创业的梦想，就让我们适时起航吧。不要过分夸大创业的困难，不要过高估计创业的压力，不要过低估计自身的价值，用信心和勇气面对创业，动起手来，边做边改，创业的成功或许已在未来的某个路口悄悄等待。

🏖 职场放松屋 ≫

❥ 使计划变成行动

在法国南部一个很小的城市里，住着一群十分聪明的人。这些人从来没有离开过小城，他们一直都以为小城就是上帝最钟爱的地方，而且认为这个小城是最美丽、最富饶的地方。后来，有一位外地的客商路过小城，当他得知小城中人们的想法时，他大笑着说："这个城市只不过是一个小得极不起眼的地方而已，世界可是大得很，在这个城市之外还有很多地方比这个城市更美丽、更富饶。"客商还将自己随身携带的地图展开让小城中的几位最聪明的人看。客商还建议他们："你们真应该走出小城到其他地方看一看，一个人一生只待在这么一个小地方真是太可惜了。"

听了客商的话，小城中的人们决定出去走一走，开开眼界，看看外面的世界是什么样子的。有了这个想法之后，他们决定在出发之前做一份周全的计划，因为大家都没有出过远门，更没有离开过这个小城市，如果没有一份周全的计划，那一旦遇到问题就麻烦了。于是他们根据客商的描述制订了一份内容详尽的计划。计划的内容包括要去的地方、需要准备的物品，还有预定的返回期限，等等。后来客商离开了小城，留给了他们一本关于旅行的书。根据这本书介绍的内容，他们感到最初制订的那份计划太不周全了，于是又加入了一些条款，如具体的出行路线、乘坐怎样的交通工具。在需要准备的物品中，他们又补充了许多过去没有想到的物品。经过几次修改和完善，他们终于有了一份完整的出行计划，可还是不能立即出发，因为出行计划上罗列的许多东西他们还没有准备好。

路上需要的水、食品和衣物等很快就筹备好了，可是客商给他们留下的书中介绍的地图还是没有，而且小城没有卖地图的地方。由于从来没有走出过小城，因此他们只能从外面来的一些商贩手中购买地图。终于有商贩来了，人们从商贩手中买了好几份地图，不过商贩告诉他们，如果想到更远的地方旅行最好用地球仪，于是他们又等待卖地球仪的商贩进城。

就这样，他们等到了地球仪。在买了地球仪之后，他们发现还需要火车时刻表，因为他们担心坐火车时错过上车时间；在有了火车时刻表之后，他们又发现还需要指南针，到了陌生的地方弄不清方向那可是一件可怕的事情；在这些东西都准备好了之后，他们觉得还需要一个行李箱，因为带着如此零零碎碎的东西，如果没有一个结实又漂亮的行李箱，那也是无法出行的。于是人们又找到城里一位手艺精湛的木匠制作了一个结实又漂亮的行李箱。发现没有锁出门不安全时，他们又找铁匠打了一把十分保险的锁……

等人们把一切都准备好之后，他们才发现自己早已经年老力衰，根本没有足够的力气实施当年制订的计划了，况且他们当初的那份雄心壮志早已被时间消耗殆尽了，最后他们不得不老死在小城中。

——出自杨晖主编，《影响青少年一生的读者文摘——能力提升篇》，北京，北京工业大学出版社，2015。

在采取行动之前做好计划并且进行一些准备工作是必要的，可是必须清楚一点：计划设计得再完美，准备做得再充分，如果没有勇气迈出行动的步伐，那一切都没有意义。大多数时候，人们不能成功的原因不是因为计划不周全，也不是因为准备不足，而是根本就没有勇气用行动来实现理想。

职场通关廊 ≫

请将大家对各组创业计划书的相关建议整理在下方的建议表中（表 4-4）。

表 4-4　建议表

组名	建议内容

通过学习，你现在对"创业"这件事情有哪些新的想法呢？请把你的思考写在下面吧！

职场拾贝苑 》》

亲爱的同学，请将你在本节课学习、活动中的收获、体会和成长记录下来吧！

收获：_____

_____

体会：_____

_____

成长：_____

_____